인생의 깨달음이 담긴

저녁 한자

인생의 깨달음이 담긴
저녁 한자

안재윤 · 김고은 지음

하늘아래

松下問童子
송하문동자

소나무 아래에서 동자에게 물으니

言師採藥去
언사채약거

선생님은 약 캐러 가셨다 하네.

只在此山中
지재차산중

이 산속에 계시긴 하나

雲深不知處
운심부지처

구름이 깊어 계신 곳을 알 수 없다네

－『尋隱者不遇심은자불우』_賈島가도

화자는 산속에 사는 은자를 찾아갔으나 만나지 못하고
동자와 몇 마디 대화를 나눈다.

"선생님 계신가?"
"약 캐러 가셨어요."
"어디로 가셨는가?"

"이 산속에 계실 거예요."

"어느 골짝으로 가면 뵐 수 있을까?"

"구름이 깊어서 어디 계신지는 모르겠어요."

화자는 은자를 찾아갔으나 만나지 못했다. 만나지 못한 것일 수도 있고 만나주지 않은 것일 수도 있다. 은자는 만나기 힘들다. 만나기 힘드니까 은자고 그런 은자니까 찾아간다.

동자는 은자가 자기 대신 내놓은 작은 은자다. 공손히 대답하고 있는 듯 하지만 그리 친절해 보이지는 않는다. 멀리서 찾아왔지만 뜻을 이루지 못하고 돌아가게 될 손님에 대한 안타까움 따위는 없다. 무심히 자기 할 말만 하고 돌아서 제 할 일을 한다.

화자는 은자를 만날 수 있을 거라는 기대를 애초에 하지 않았을 수도 있다. 만나기 힘든 걸 알고 찾아갔다. 아직 한 번도 만나지 못했을 수도 있다. 은자를 찾아가는 화자는 가며오며 스스로 해답을 얻었을 수 있다. 그게 은자의 역할이다.

옛 글을 탐함은 은자를 찾아가는 것과 같다.

내가 직면한 현재 상황에 꼭 맞는 해답을 옛 글은 알려주지 않는다. 내가 누구인지 궁금해 하지도 않고, 그저 자기 할 말만 한다. 증상을 묻고 거기에 꼭 맞는 약을 처방해주지 않고, 여기저기에 좋은 보약 같은 이야기를 들려준다.

옛 글을 탐함은 구름 깊은 산 속에서 약을 캐는 것과 같다.

무엇이 약이고 무엇이 독인지 알지 못하고 함부로 캐 먹으면 예상치 않은 불행을 겪을 수도 있다. 무엇이 약인지 알았더라도 어디에 가야 있는지 알지 못한다면 이리저리 찾아다니는 노력이 제 값을 하지 못할 수도 있다. 어디에 있는지 알았더라도 때를 살펴 가지 않으면 좋은 상태를 만나지 못할 수도 있고 아예 찾지 못할 수도 있다.

우리 옛 글은 한자와 한문으로 되어있다. 우리 옛 글

을 탐하는 이들에게 한자와 한문은 적잖은 걸림돌이다. 전문 역자들이 작업한 잘 번역된 글이 있지만, 그 온 모습을 살피려면 역시 기본적인 한자와 한문을 익히는 게 좋다.

이 책 『인생의 깨달음이 담긴 저녁 한자』(이하 『저녁 한자』)는 이런 이유로 세상에 나왔다. 우리말 번역만으로는 좀 심심하다 싶었던 여백을 한자와 한문을 풀어 익히면서 채워가도록 했다.

한자를 풀어 이해하는 것은 약을 알아가는 것과 같다. 무엇이 약이 되는지, 어디에 가면, 언제 가면 좋은 놈을 만날 수 있는지 한자가 안내해 줄 것이다.

한문을 풀어 이해하는 것은 은자를 찾아가는 것과 같다. 한자 몇 자 알았다고 대번에 깨달음이 오는 게 아니다. 한문 표현 몇 개 알았다고 문리가 트는 것도 아니다. 그저 아침마다 한 두 문장씩 옛 글을 한문으로 풀어 익히다 보면, 책 끝머리에서 한자에 담긴 삶의 이치를 어렴풋이 깨닫게 된다.

은자는 모습을 드러내지 않는다. 동자는 무심하게

대답하고는 제 할 일만 한다. 은자를 찾아온 화자는 스스로 해답을 얻어야 하는 것이다.

　이 책은 두 사람이 함께 썼다. 안재윤은 대학에서 한문학을, 대학원에서 국문학을 공부한 평범한 기획, 편집자다. 김고은은 20여 년간 동양 고전의 깊은 곳을 자세히 탐구해온 수 높은 글쟁이다.

　안재윤은 기획을 맡았고 첫 원고를 마련했다. 김고은은 이 원고를 표본삼아 동양 고전의 바다를 종횡으로 달리며 자료와 생각을 풀어 초고를 작성했다. 이 초고를 안재윤이 다시 찬찬히 뜯어보면서 본래 기획에 맞도록 고치고 다듬고 풀어 원고를 완성하여 이렇게 예쁜 모습을 하고 세상에 나왔다.

차례

믿음으로 세상과 소통시키는 저녁 한자

배려와 용서의 온기를 채워주는 저녁 한자

안목을 밝히는 지혜가 담긴 저녁 한자

기다림의 미덕을 일깨워주는 저녁 한자

믿음으로
세상과 소통시키는
저녁 한자

옛사람은 우리 몸에 통증痛症이 생기는 것은

기혈이 막혀서 通통하지 않기 때문이라고 보았다.

사람 사이도 마찬가지다.

소통疏通이 원활하지 못하면 서로 오해하고 불신한다.

오해와 불신으로 서로의 감정을 다치게 하고

서로의 마음을 아프게 한다.

痛통을 없애는 가장 확실한 방법은 바로 通통이다.

이처럼 通통할 통과 痛아플 통은 서로 밀접한 관계가 있다.

통하지 않으면 아프다

通, 痛

통할 통   아플 통

옛사람은 우리 몸에 통증痛症이 생기는 것은 기혈氣血이 막혀서 通통하지 않기 때문이라고 보았다. 그렇다면 通통과 痛통은 서로 밀접한 관계를 가지고 있다는 말이다.

사람 사이도 마찬가지다. 소통疏通이 원활하지 못하면 서로 오해하고 불신한다. 오해와 불신으로 서로의 감정을 다치게 하고 서로의 마음을 아프게 한다. 부부간에 소통이 없다면 결국에는 깊은 아픔을 겪는다. 부모와 자식 간에 소통이 없다면 한 지붕 아래 남남처럼 지낼 것이다. 조직 구성원끼리 소통이 없다면 서로를 믿지 못할 것이고, 끝끝내는 서로를 욕하며 등지는 아픔을 겪을 것이다.

痛통을 없애는 가장 확실한 방법은 바로 通통이다. 지금부터라도 通통에 관심을 기울이자!

【　한자를 읽어보자　】

通통 ──── 辶(辵)착 + 甬용

辶착은 가는 동작을 나타낸다. 본래 글자는 辵이고 다른 글자와 결합할 때 辶으로 모양이 바뀐다. 윗부분은 네거리를 본뜬 行행의 반쪽 彳척이고 아랫부분은 걷는 발을 나타내는 止지다. 가는 동작과 관련한 글자에 많이 쓰인다. 앞으로 가면 進나아갈 진이고 뒤로 가면 退물러날 퇴다.

甬용은 바로 用용과 같으며 통나무 속을 깊이 파서 만든 나무통이다. 桶통의 본래 글자다. 甬용과 用용은 손

잡이가 있고 없고 차이다. 甬용이 다른 뜻으로 더 많이 쓰이자 본래 뜻을 나타내기 위해서 木목을 덧붙여 桶통을 만들었다. 물건을 담는 나무통은 속이 비어 있기 때문에 쓸모가 있는 것이다.

甬용과 用용에 대해서는 제물로 쓸 소를 가두어 두던 '우리'라는 설명, 중요한 일을 알리는 '종'이라는 설명, 점칠 때 쓰던 '뼈'라는 설명도 있다.

通통은 지나갈 수 있도록 막힌 데가 없이 트여있어서 이곳과 저곳이 서로 통할 수 있음을 나타낸다.

痛통 ———————— 疒녁 + 甬용

疒녁은 사람이 병들어 누워있는 침상이다. 疾병 질, 病병 병, 疫돌림병 역 등 병과 관련한 글자에 많이 쓰인다.

痛통은 몸 어딘가 빈 곳이 있어서 아파하는 모습을 나타낸다. 몸이 아플 수도 있고 마음이 아플 수도 있겠다.

變則通, 通則久.　　　—『易·繫辭 下』
변즉통　　　통즉구

변하면 통하고, 통하면 오래 간다.　　—『역·계사 하』

變변은 '변하다', 則즉은 접속사인데 '~면 곧 ~'이라는 뜻을 나타낸다. 通통은 '통하다'이니, 變則通변즉통은 '변하면 곧 통한다'가 된다. 久구는 '오래되다'다. 通則久통즉구는 '통하면 오래 간다'다.

의심이
병이다

疑心生暗鬼

의심할 의　마음 심　날 생　어두울 암　귀신 귀

"어떤 사람이 도끼를 잃어버렸는데 아무리 생각
해도 옆집 아이가 가져간 것 같았다. 길에서 그
아이를 보니 걸음걸이도 이상하고, 얼굴빛도 수
상하고 말도 수상하니, 영락없는 도끼 도둑이었
다. 그런데 며칠 후 산에서 일을 하다 자기 도끼
를 찾게 되었다. 집으로 돌아오다 그 아이를 만
났는데 이번에는 그의 행동이나 태도가 전혀 도
끼 도둑처럼 보이지 않았다."

— 『列子열자·說符설부』

의심이 병이랬다. 의심하다를 뜻하는 疑의가 질병을 뜻하는 疒병들 녁을 만나면 癡어리석을 치가 된다. 癡치는 바로 치매癡몾다. 치매는 지적 능력에 병이 생겨 바보가 되는 것을 말한다.

그래서 癡치를 痴어리석을 치라고도 쓴다. 치매 걸린 사람은 기존에 알던 모든 것을 죄다 새까맣게 잊어버린다고 한다. 제 살던 집이며 제 가족까지 몰라본다고 한다. 아는 게 하나도 없으니 만나는 사람마다 헷갈리고 어제 걸었던 길도 갈팡질팡한다. 치매 걸린 사람이 긴가민가하고 자꾸 의심하는 것은 확실히 알 수 없어서다.

의심하는 이유 가운데 하나가 바로 알지 못하여 의심하는 거다. 알지 못하니 믿지 못하는 것은 당연하다. 믿지를 못하니 무슨 일인들 될 턱이 있겠는가. 제대로 알지도 못하고 무턱대고 의심하는 것에 의처증이 있고 의부증이 있다. 의심하는 정도가 오죽했으면 질병을 가리키는 症증세 증을 붙였겠는가. 이런 의심은 오해를 낳고, 오해는 간혹 돌이킬 수 없는 결과를 가져오기도 한다. 의심은 약으로도 고칠 수가 없다.

상대방이 미덥지 못하여 의심하는 게 아니라 자기가 자신을 믿지 못해 의심하기 때문이다. 자기가 자신을 믿지 못하는 데 무슨 말인들 씨알이 먹힐 것이며, 어느 약인들 약발이 듣겠는가. 하루바삐 망상과 집착을 버릴 수밖에 다른 방법이 없다.

의심하는 이유 가운데 다른 하나는 바로 이상하여 의심하는 거다. 지금까지 알고 있던 것과 달라서 의심하고 의문을 품는 거다. 알지 못해 의심하는 것은 나쁜 결과를 불러오지만 이상하여 의심하는 것은 좋은 결과를 가져온다. 오해를 수반하는 의심은 어리석은 의심이고 겨울 여우가 언 강을 건널 적에 하는 의심은 슬기로운 의심이다.

【　한자를 읽어보자　】

暗암 ─────── 日일 + 音음

日일은 '해, 날'이다. '때'를 나타내기도 한다.

音음은 '소리'다. 여기서는 발음 기호 역할도 한다.

暗암은 '소리에 의지해야 하는 때, 어두운 때'다. 날이 어두우면 '보는 것'에 의존할 수 없고 '듣는 것'에 의존해야 한다.

名이름 명도 그렇다. 저녁(夕석)이 되어 어두워지니 입(口구)으로 이름을 불러서 사람을 식별했다는 것이다. 어두우면 드러나지 않는다하여 나중에 '몰래'라는 뜻도 가지게 되었다.

鬼귀 ──── 얼굴에 가면을 쓴 사람 모습

죽은 사람을 표현한 것이다. 무서운 가면을 쓴 모습은 異다를 이에도 있고, 畏두려워할 외에도 있다. '이상함, 두려움, 귀신'과 관련이 있을 때 사용했다. 鬼귀는 '귀신'이다.

自疑不信人, 自信不疑人.
자의불신인　　　　자신불의인

—『素書·安禮』

자신을 의심하는 이는 남을 믿지 못하고, 자신을 믿
는 이는 남을 의심하지 않는다.　　—『소서·안례』

自자는 '자기, 자신', 疑의는 '의심하다'다. 自疑자의는 '자
기를 의심하다'다. 한문에서는 보통 목적어가 서술어
뒤에 오는데, 自자는 목적어일 때 서술어 앞에 온다. 그
래서 '자기를 의심하다'를 한문으로 표현하면 疑自의자
라고 하지 않고 自疑자의라고 한다. 信신은 '믿다', 人인
은 '남'이다. 自信자신은 '자신을 믿다'다. 疑人의인은 '남
을 의심하다'다.

신뢰는 말과 행동
하나하나가 모여 이루어진다

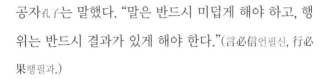

信而後諫

믿을 신 말 이을 이   뒤 후   간할 간

공자孔子는 말했다. "말은 반드시 미덥게 해야 하고, 행위는 반드시 결과가 있게 해야 한다."(言必信언필신, 行必果행필과.)

희떠운 소릴랑 아예 하지 말라는 말이다. 흰소리 잘하는 사람치고 믿음직한 사람 하나 없다. 말에 믿음이 없으니 그 행위야 보나 마다 뻔하다. 매사가 얼렁뚱땅 물에 물 탄 듯 술에 술 탄 듯하다.

실없는 소리를 하다 보면 결국에는 콩으로 메주를

쏜다 하여도 곧이듣지 않는다. 믿음은 얻기도 힘들고 받기도 어렵다. 그만큼 믿음을 주는 일도 쉽지 않다. 옛 속담에 "사람 마음은 하루에도 열두 번"이라고 했다. 그 때문에 받았던 믿음도 한순간에 도로 아미타불이 되는 수가 있다. 말이나 행동을 믿어 주지 않는다면 아무것도 할 수 없다. 그러므로 무엇보다 먼저 신임을 받는 일이 급선무다.

【　　한자를 읽어보자　　】

信 신 ——————— 亻인 + 言 언

言언은 '말, 언어'다. '말'은 생각을 교류하는 매개체다.

信신은 사람이 하는 말이다. 사람은 언어로 교제하며, 언어는 일반적으로 진실하다. 그렇지 않으면 구실을 잃는다. 사람이 입 밖으로 내는 말은 진실하고 정직하고 정확해야 믿음을 얻을 수 있다.

諫간 ——————— 言언 + 柬간

柬간은 '가리다, 걸러내다'다. 걸러 낼 것을 자루에 넣고 주욱 짜서 내용물을 걸러낼 때 사용하는 것이다. 모양이 비슷한 束동은 물건을 넣은 자루다. 나중에 扌손 수를 덧붙여 揀가릴 간을 새로 만들었다.

　諫간은 윗사람에게 말이나 행동을 잘 가려서 하도록 말하는 것으로 기억하면 좋겠다.

【　　옛 글을 읽어보자　　】

子夏曰 信而後諫.
　자하왈　　　신이후간

未信則以爲謗己也.　　　　—『論語·子張』
　미신　　　즉이위방기야

─────────────────────────────

자하가 말했다. 믿음이 있은 뒤에 간해야 한다. 믿음이 없으면 자기를 비방한다고 여긴다.　　—『논어·자장』

子夏자하는 공자의 제자다. 문학에 뛰어났다고 했다. 曰왈은 '말하다'다. 信신은 '믿음, 미덥게 함'이다. 而後이후는 '그리고 나서, 그런 뒤에'다. 諫간은 '간하다'다. 즉, 윗사람에게 옳지 못하거나 잘못된 일을 고치도록 말하는 것이다. 未미는 '아직 ~하지 않다'다. 則즉은 '그러면, 곧'이다. 以爲이위는 '~라고 여기다'다. 謗방은 '헐뜯다, 비방하다'다. 己기는 '자기'다. 여기서는 듣는 윗사람이다.

윗사람에게 견해를 말하고 잘잘못을 간할 때도 무엇보다 먼저 신임을 얻은 뒤에라야 한다. 그렇지 않으면 간하는 말을 곡해하여 비난하고 헐뜯는 말로 오해한다. 제 속종을 섣불리 드러냈다가 외려 의심만 키운다. 뭐든지 때에 맞고 철 따라 해야지 아름답고 실속을 차린다. 그러므로 반드시 속종을 드러내고 간하는 일은 윗사람으로부터 신임을 얻은 뒤에 해야 한다.

신임을 얻자면 말은 미덥게 해야 하고 행동은 딱 부러지게 해야 한다. 윗사람으로부터 흔들림 없는 신임을 얻으면 하는 말마다 미덥게 보고 하는 행동마다 듬직하게 여긴다. 조직에서 제 능력을 십이분 발휘하려

안달하기보다는 먼저 신임을 얻는 데 힘써라. 믿음은 나로부터 비롯한다. 남이 무턱대고 믿어 주지 않는다. 평소에 하는 내 말과 내 행동을 보고 믿을 수 있는 사람인지 아닌지를 결정한다.

날이 추우면
생각이 많아진다

歲寒

해세　찰한

歲寒세한은 한 해의 추운 때, 바로 겨울철이다. 겨울은
한 해 사계절 가운데 마지막 철이다. 그러므로 세한은
또 일의 마지막, 막바지, 끝판을 뜻한다. 겨울은 날씨가
춥고 눈이 내리며 나무는 잎을 다 떨어뜨리고 성장을
멈춘다. 그래서 세한은 또 곤경, 어려움, 힘든 세상을
뜻한다. 여느 푸나무와 달리 소나무는 추운 겨울철에
도 변함없이 시퍼런 기개를 간직하고 있다. 거개가 역
경에 변절하고, 험난한 세파에 변심한다. 그 때문에 세

한은 굳은 절조, 변하지 않는 절개를 비유하기도 한다.

절개가 굳은 사람인가, 절조가 있는 사람인가, 줏대가 있는 사람인가는 어려움을 함께 겪어보면 단박에 알 수가 있다. 추운 날씨를 못 견디고 재빨리 변모하는 나무처럼 곤경에 처하면 곧바로 변심하는 것이 인지상정이다. 추운 겨울이면, 편히 겨울을 나기 위해서 한 치의 망설임도 없이 잎을 죄다 떨어뜨리는 나무처럼 춥고 배고프고 힘든 세상을 맞닥뜨리면 주저 없이 변절의 길로 돌아서는 것이 사람 마음이다.

그래서 평상시 술에 밥에 진탕 마시고 먹으며 형이니 아우니 하며 너나들이하던 술친구도 어려울 때를 만나면 열에 여덟, 아홉은 안면을 바꾸기 일쑤다. 달짝지근한 즐거움을 함께할 사람은 많지만 쓰디쓴 괴로움을 함께할 사람은 그리 없다. 세한에도 변심하지 않을 사람은 참말로 만나기 어렵다.

추운 겨울에도 푸른 기운이 결코 시들지 않는 소나무와 대나무를 보며 우리네 조상들은 역경과 곤란 속에서도 절조를 굳게 지키는 모습을 배웠다. 추운 날씨 속에서도 어여쁜 꽃을 피우는 매화나무를 보며 우리네 조상들은 지조 있는 사람이 얼마나 아름다울 수 있는 지를 배웠다.

【   한자를 읽어보자   】

歲 세 ————— 步 보 + 戌 월

步 보에는 발이 둘 있다. 윗부분(止)이 발이고, 아랫부분(少)도 발이다. 두 발로 걸어가는 것이다. 戌 월은 날이 큰 낫이다. 농사 도구로 하면 '낫'이고 무기로 하면 '도끼'가 된다. 歲 세는 걸어가면서 큰 낫으로 곡식을 수확하는 모습을 표현했다.

　보통 수확은 한 해에 한 번씩 하므로 '한 해'라는 뜻을 갖게 되었다.

寒 한 —— 宀 면 + 艹 초 + 共 공 + 冫 빙

宀 면은 '집', 艹 초는 '풀', 共 공은 '두 손', 冫 빙은 '얼음'

이다.

寒한은 집 안에서 얼음이 얼 정도로 추워 두 손으로
풀을 까는 모습 정도로 이해할 수 있겠다.

【　옛 글을 읽어보자　】

歲寒然後
세한연후

知松柏之後彫也.　　　—『論語·子罕』
지송백지후조야

날이 추워진 뒤에야 소나무, 잣나무가 뒤늦게 시듦
을 알 수 있다.　　　　　　　　—『논어·자한』

歲세는 한 해의 '해'다. 寒한은 '춥다'다. 歲寒세한은 위에
서 충분히 설명했다. 然後연후는 '그런 뒤에야'다. 知지
는 '알다'다. 松송은 '소나무', 柏백은 '잣나무'다. 松柏송
백은 겨울에도 잎이 시들지 않는 침엽수다. 선비의 변

하지 않는 지조를 상징하기에 적당한 나무다.

之지는 松柏송백과 後彫후조가 '주어+서술어' 형태인 하나의 문장이 아니라 知지의 목적어 역할을 하는 절이라는 걸 표시하는 기능을 한다. 後후는 '뒤', 彫조는 雕조와 같은 뜻으로, '시들다'다.

예나 지금이나 변절자는 있게 마련이다. 추운 데 잎 떨어뜨리지 않을 나무가 몇이나 있겠는가. 세한송백歲寒松柏같은 사람이면 그 굳은 절개를 참뜻으로 기리고 우러르며 기쁘게 붙좇자. 시나브로 내 가슴속에도 푸른 기운을 오롯이 간직한 소나무 한 그루가 자랄 것이다.

다섯 번째 저녁

임용과 의심은 같이 갈 수 없는 법이다

疑人不用

의심할 의 사람 인 아닐 불 쓸 용

用而不疑

쓸 용 말 이을 이 아닐 불 의심할 의

"쓰는 사람은 의심하지 말고, 의심이 가는 사람은 쓰지를 말라."

用용은 사람을 쓰고 부리는 것이다. 임용이고 사용이다. 쓰기로 마음먹었다면 그 사람을 믿었기 때문이다. 그 사람의 능력이 미덥고, 그 사람의 됨됨이가 믿음직하여 쓰기로 작정하고 뽑았을 것이다. 우선 써 보고 나서 믿을지 말지를 결정하지는 않는다. 임용하였으면 믿고 맡겨야 하고, 미덥지 않으면 임용하지 말아야 한다. 임용하고도 믿고 맡기지 않는다면 들이지 않는 거나 마찬가지다.

물건을 들일 때도 함부로 들이지 않는다. 들이기는 쉬워도 내치기는 어렵기 때문이다. 그래서 들여놓기로 작정하기 전에 요모조모 따지고 미주알고주알 캐묻는다. 그러고도 정말 필요한 물건인지를 다시 한번 다짐하고 자문한다. 후회하지 않을 자신이 들면 그때야 비로소 사서 들여놓는다. 만일 살 물건이 미덥지 못하거나 의심스러운 데가 있거든 아예 사지 않는다. 괜히 사 놓고 쓰지 않으면 돈만 아깝고 물건만 놀리는 꼴이 된다.

사람을 들이는 것도 이와 같다. 임용하기 전에 밑두리 콧두리 캐묻고 따져서 능력을 알아보아야 한다. 됨됨이와 속뜻도 떠보아서 믿음직한 데가 있거든 그때가서 들이기로 작정한다.

내 사람으로 믿고 정작 뽑아 놓고는 능력을 의심하여 일을 맡기지 않는다면 어떻게 될까? 됨됨이를 의심하여 큰일을 애써 맡기지도 않는다면? 별 관심을 보이지 않을뿐더러 모른 체 하기까지 한다면? 이것은 한 마디로 화를 자초하는 꼴이고 화를 키우는 격이다. 누군

들 앙심을 먹지 않을 것이고 불만을 품지 않을 것인가.

한나라 유방은 한신을 쓰고도 큰일을 맡기지 않았다. 실력을 의심했기 때문이다. 의심받은 한신은 물론 유방에게서 제 발로 떠났다. 소하의 따끔한 충고를 듣고서야 한신을 대장군에 임명하고 중용하였다. 한신이 만일 영영 유방 곁을 떠났다면 오늘날 우리가 아는 유방은 역사에 있지도 않았을 것이다. 내게 있는 것을 내 것으로 만들지 않으면 거꾸로 화를 불러들이게 된다.

【　한자를 읽어보자　】

疑의 ── 匕 비 + 矢 시 + マ + 疋 필처럼
보이지만, 최초의 글자와 많이 달라졌다.

疑의의 초기 글자들에는 '길을 가다가 멈춰 서서 두리번거리는 사람'이 등장한다. 이 사람은 길을 가다가 갈림길을 만났고, 어느 쪽으로 가야할 지 의심하여 두리번거리고 있는 중이다. 匕비, 矢시, マ, 疋필은 이 사람

의 모습을 표현하기 위해 사용한 기호들이다. '의심하다, 궁금해 하다, 믿지 않다'다.

【 　옛 글을 읽어보자 　】

用而不能信, 與不用同.

용이불능신　　여불용동

—『功名論』司馬光

쓰고도 믿지 못한다면 쓰지 않은 것과 같다.

—『공명론』사마광

用용은 '쓰다, 임용하다'다. 而이는 접속사다. 여기서는 '그리고' 정도로 푼다. 不불은 '아니다', 能능은 '할 수 있다', 信신은 '믿다'다. 與여는 '~와'다. 不用불용은 '쓰지 않음, 임용하지 않음'이다. 同동은 '같다'다. 與不用同여불용동는 '불용不用과與 같다同'다.

여섯 번째

저　녁

속이는 자의 말은
달콤하다

詐欺

속일 사　속일 기

사기詐欺는 詐사처럼 힘들이지 않고 잠깐이면 원하는
것을 가질 수 있다고 속삭이는 감언도 동원되지만, 欺
기처럼 부풀리고 떠벌리고 과장하여 혼을 쏙 뽑아 놓
는 방법도 동원된다. 남을 속여먹는 사기꾼들을 한 번
쯤 찬찬히 눈여겨보았다면 옛사람들이 왜 '속이다'를
뜻하는 글자를 이렇게 만들었는지 단박에 눈치챌 것이
다.

　사람이면 다들 편하게 살기를 바란다. 힘들게 일하

지 않고도 먹고살 수 있는 길이 있다면 십중팔구는 귀가 솔깃할 것이다. 아등바등 애쓰지 않고도 큰돈을 만질 수 있는 길이 있다면 십중팔구는 앞뒤 재 보지도 않고 냅다 달려들 것이다. 사기꾼들은 세 치 혀를 날름대며 이렇게 속삭일 것이다.

"안간힘을 쏟을 필요도 없고 십년공부를 할 필요도 없다. 하루아침에 떼돈을 벌게 해 주겠다. 눈과 귀만 잠깐 빌려 주면 된다."

생판 모르는 사람이 고맙게도 일확천금을 벌게 해 주겠다는 데 혹하지 않을 사람이 어디 있겠는가! 힘들이지 않고도 단번에 많은 돈을 벌게 해 주겠다는 데 뉘라서 아니 넘어가겠는가!

어떤 것을 손에 넣자면 당연히 그만한 시간과 노력을 들여야 한다. 하다못해 산과 들에 절로 열리는 열매도 그만한 시간을 참고 기다려야 맛있는 열매를 따 먹을 수가 있다. 또 산과 들에 제물로 자라는 봄나물도 수고를 아끼지 않아야 향긋한 맛을 오롯이 만끽할 수가 있다.

불을 보고 달려드는 불나방이 주는 가르침을 잊지

말고 가슴에 깊이 새겨 둘 일이다. 불을 탓할 게 아니라 불만 보면 달려드는 불나방이 잘못이다. 사기를 당하는 사람들은 어찌 보면 제 욕심으로 말미암아, 사기꾼들 속임수에 넘어가는 경향이 적잖다.

【 한자를 읽어보자 】

詐사 ——————— 言언 + 乍사

言언은 '말'이다. 乍사는 '잠깐'이다. 여기서는 발음 기호 역할도 한다.

詐사는 '속이다'다. 남을 속이는 수단으로 가장 효과적이고 가장 강력한 것은 바로 '말'이다. 그리고 乍사에 들어있는 '잠깐, 잠시'라는 뜻도 속이는 행위와 깊은 관계를 가지고 있는 것처럼 보인다.

欺기 ——————— 其기 + 欠흠

其기는 箕키 기다. 곡식을 까부르는 '키'다. 欠흠은 欲욕
에서 본 것처럼 입을 쩍 벌리고 있는 모습이다.

欺기는 키로 곡식 등을 까부르는 모습이다. 위아래
로 흔들어 키질하는 모습과 사기꾼이 과장법을 사용하
여 정신 못 차리게 흔들어 놓는 모습은 많이도 닮았다.

【   옛 글을 읽어보자   】

身無道德, 雖吐辭爲經,
신무도덕   수토사위경

不可以信世.   —『默觚上·學篇』
불가이신세

제 몸에 도덕이 없으면, 비록 입으로 나오는 말마다
경전의 말이 된다고 해도 그것으로 세상을 믿게 하
지는 못한다.   —『묵고상·학편』

身신은 '몸', 無무는 '없다'다. 道도는 '길', 德덕은 '덕'이

다. 雖수는 '비록'이다. 吐토는 '토해내다', 辭사는 '말'이
다. 吐辭토사는 '말을 토해내다. 말하다'다. 爲위는 '되
다', 經경은 '경전'이다. 爲經위경은 성인의 가르침을 모
은 경전의 말이 되는 것이다. 不可불가는 '~할 수 없다',
以이는 '그것으로써', 信신은 '믿게 하다', 世세는 '세상'
이다. 신뢰와 도덕이 없는 이는 아무리 성인의 말을 토
해낸다 해도 사람들은 그 말을 믿지 않을 것이다.

서로를 존중하는 마음이
없는 부부는 이미 남이다

同林鳥

한가지 동　수풀 림　새 조

옛적 어느 골에 한 부부가 살고 있었다. 어느 날 남편은 물 건너 산비탈에 있는 자갈밭을 갈러 쟁기를 챙겨서 소를 몰고 갔다. 몇 이랑 갈고 나니 힘에 부쳐 풀밭에 앉아 쉴 요량으로 발을 풀숲에 들여놓는 순간 놀란 독뱀이 그만 콱 물고 말았다. 그 바람에 뜻하지 않은 황천길에 오르고 말았다. 이에 그의 아내는 서러운 마음을 애써 억누르고는 동네 사람들에게 이렇게 말했다.

"부부란 비유하자면 같은 숲에 사는 새(同林鳥)와 같

습니다. 해 저물면 나무를 찾아들어 함께 깃들고, 동이 트고 아침이 되면 각자 따로따로 날아다니면서 먹이를 구해 먹습니다. 그러다가 인연이 있으면 다시 만날 것이고 인연이 없으면 그만 헤어지고 마는 겁니다. 우리 부부도 이와 같습니다."

同林鳥동림조는 같은 숲에 깃들여 사는 새다. 부부란 본디 같은 숲에 깃들여 사는 새처럼 헤어지고 만남이 쉽다는 뜻이다. 그러하기에 특히 서로를 더욱 존중하고 몸가짐을 조심해야 한다.

【 　한자를 읽어보자　 】

同동 ——————— 冂(凡)범 + 口구

冂(凡)범은 '여러 사람들, 모두'고, 口구는 '말하는 입'이다.

同동은 여러 사람들이 같은 말을 하는 상황이다. '같다, 한가지'다.

林 림 ——————— 木 목 + 木 목

나무가 여럿 모인 '수풀, 숲'이다.

鳥 조 ——————— '새'

머리부터 날개, 다리, 꼬리까지를 모두 본떴다.

【　옛 글을 읽어보자　】

結婚必須男女兩方都要犧牲的.
결혼　필수　남녀양방　　도요희생적

—『櫻海集·犧牲』老舍

결혼은 반드시 남녀 양쪽이 모두 희생해야 하는 것

이다.　　　　　　　　　　　—『앵해집·희생』노사

結결은 '맺다', 婚혼은 '혼인'이다. 必필은 '반드시', 須수는 '모름지기' 必須필수는 '반드시 ~해야 함'을 나타낸다. 兩方양방은 '양쪽'이다. 都도는 '도읍'이지만 여기서는 '모두'다. 要요는 '~해야 한다'다. 犧희와 牲생은 '희생'이다. 본래 희생은 '제사 때 제물로 치는 산 짐승'을 일컫는 말이었다. 犧희는 '색이 순수한 것', 牲생은 '길함을 얻지 못해 죽이는 것'이라는 뜻이었다. 나중에 '남을 위해 자기를 내어주는 것'이라는 뜻이 되었다. 的적은 여기에서는 '~하는 것'이다.

한때 유행했던 유행가 노랫말에 "남이라는 글자에 점 하나를 지우고 님이 되어 만난 사람도 님이라는 글자에 점 하나만 찍으면 도로 남이 되는 장난 같은 인생사"라는 게 있었다. 남남끼리 만나 부부의 연을 맺고 한 남자의 아내로 한 여자의 남편으로 알콩달콩 아기자기 사는 게 사람살이다.

서로를 빼닮은 아들딸 낳아 위로는 부모를 기쁘게 해 드리고, 아래로는 자신들을 길이길이 기억해 줄 분신을 남기는 거다. 하룻밤을 자도 만리성을 쌓는 게 남녀 관계고, 부부 싸움은 칼로 물 베기라 했다.

중국의 시인 곽말약郭沫若 선생이 『흑묘黑貓』에서 말했듯이 살을 섞은 뒤에는 자연히 남자는 여자의 사람이 되고 여자는 남자의 사람이 된다. 부부관계는 말 그대로 비익조比翼鳥: 암컷과 수컷이 눈과 날개가 하나씩이라서 짝을 짓지 않으면 날지 못하는 새고 연리지連理枝: 뿌리가 다른 나뭇가지가 서로 엉켜 마치 한 나무처럼 자라는 것다.

이렇게 한살되어 살다 보면 시나브로 남자와 여자의 개념도 흐리마리해지고 너와 나의 개념도 모호해진다. 그러다 보면 서로를 존경하고 이해해 주던 마음 씀씀이는 차츰 엷어지고, 따라서 서로에 대한 조심성도 점차 없어진다. 너무 편해서 막말하고 막 대한다. 서로에게 너무나 익숙해 있어서 부부 사이의 모든 일들을 너무나 당연시한다. 옛 어른들은 이런 점을 염려하여 부부유별夫婦有別하라고 그리 일렀다. 정에서 노염이 난다며 있을 때 잘하라고 신신당부했다. 부부는 헤어지면 남남이다. 아니, 그냥 남남이 아니라 원수보다 더 못한 남남이 되기 십상이다. 늘 명심해야 한다. 부부란 본디 남남이었고 생판 모르는 한 남자와 한 여자였다.

흐르는 물과 사람의 입은
막히면 썩는다

口壅若川

입구   막을 옹   같을 약   내 천

예전 우리네 어르신들은 논에 물을 대고자 냇물을 막을 때에도 '보'라는 형식을 즐겼다. 보를 한자로 굳이 적으면 洑보다. 洑보에서 氵수는 물이고 伏복은 둑을 물속에 잠기게 쌓는다는 걸 표시한다. 말하자면 둑을 쌓더라도 물이 차면 자연스레 흘러넘치게끔 하였다.

천 길 만 길 높다랗게 쌓아 올린 요즘 댐(Dam)을 보고 있자면 너무나 이기적인 모습에 뿔이 날 지경이다. 마천루 같은 인간의 끝없는 욕망 때문에, 공존하며 살아가야만 하는 소중한 자연들을 짓밟고 짓뭉개고 있다. 아무개는 늦게나마 물고기를 위해 어도魚道를 만들어 주자니, 이 산 저 산으로 자유로이 넘나들게끔 생태 통로를 만들어 주자니 하며 한창 난리법석이다. 아직은 생각들이 덜 여물어서인지는 몰라도 정작 그 길들은 물고기나 산짐승을 위하는 길이 아니고 인간의 죄과를 덮는 데 필요한 길인 것 같다. 자연은 말 그대로 자연이다. 자연이 필요로 하는 만큼의 거리만 내어 주면 그만이다. 그것 말고 사람이 할 일은 없다.

　자연을 간섭하더라도 우리네 어르신들이 그랬던 것처럼 자연이 즐거이 받아들일 만큼만 해야 한다. 욕망으로 빚어낸 인공이 도를 넘으면 자연은 그에 상응하는 앙갚음을 준비한다. 예컨대 무너진 댐으로 말미암아 수많은 생명이 어복魚腹을 채우는 걸 우리들은 보고 또 들었다. 그러하기에 물이 분노하기 전에 물이 생각하는, 물이 필요로 하는 만큼의 물길을 내어 주어야 한다. 그래야 행짜를 부리지 않을 터이다.

甕옹 ——————— 雍옹 + 土토

雍옹은 '화할 옹'이다. 여기서는 발음 기호 역할을 한다. 雍옹이 쓰인 한자는 주로 '옹'으로 발음한다. 擁안을 옹, 甕독 옹, 罋두레박 옹, 饔아침밥 옹 등이 그렇다.

　甕옹은 흙으로 '막다, 틀어막다'다.

若약 ——— 艹초 + 右우 처럼 생겼지만 아니다.

옛 글자를 살펴보면 若약은 여인이 머리카락을 손질하는 모습을 나타낸 것이다. 이 글자가 어쩌다 '같다, 비슷하다'라는 뜻을 갖게 되었는지에 대해서는 아직 정설이 없다.

川천 ——————— '흐르는 물', 즉 '강, 내'

따라서 口甕若川구옹약천이라 함은 백성의 입을 막는다

는 것은 냇물을 막는 것처럼, 어렵다는 뜻이다.

防民之口, 甚於防川. 川壅而潰,
　방민지구　　　심어방천　　　천옹이궤

傷人必多, 民亦如之.　—『國語·周語上』
　상인필다　　　민역여지

백성의 입을 막는 것은 흐르는 물을 막는 것보다 심
각하다. 물은 막으면 무너져 사람들은 상하게 함이
필히 많을 것이다. 백성 또한 이와 같다.

—『국어·주어상』

防방은 '둑, 막다', 民민은 '백성'이다. 甚심은 '심각하다',
於어는 '~보다', 川천은 '흐르는 물'이다. 壅옹은 '막다',
潰궤는 '무너지다'다. 傷상은 '다치다, 상하게 하다'다.
必필은 '반드시', 多다는 '많다'다. 亦역은 '또한', 如여는

'~와 같다'다.

　무릇 사람이란 사물을 접하면 마음에 생각이 일어난다. 마음에 생각이 일어나면 입 밖으로 내보내고 싶어 한다. 그 생각은 입을 통해 말의 등짝에 올라타고자 할 것이다. 그리고 세상을 풍미하고자 할 것이다. 그럼, 그렇게 하도록 해줘야 한다. 재갈을 먹인다고 일었던 생각이 사라질 리도 없고, 윽박질러 틀어막는다고 해서 목구멍까지 치밀어 오른, 말이 도로 삼켜질 리 만무하다. 그러므로 그 생각들이, 그 말들이 모이고 뭉쳐서 감당 못 할 힘으로 커지기 전에 미리미리 틈나는 대로 쏟아내도록 해야 한다. 엄청난 침묵시위로 돌변하기 전에 말이다.

과찬이
불신을 키운다

美言不信

아름다울 미　말씀 언　아닐 불　믿을 신

말은 사람과 사람이 교제하는 데 있어서 매우 중요한 역할을 한다. 서로의 생각과 의견을 주고받을 때도 말로 하고, 서로가 알고 있는 정보와 지식을 주고받을 때도 말로 하였다.

　글이 생기기 전에는 그야말로 전적으로 말에 의존하여 생각을 나누고 정보를 교환하였다. 글이 생기고 난 뒤에도 말의 중요성은 조금도 줄어들지 않았다.

　사람과 사람이 전적으로 말을 사용하여 생각과 정

보를 주고받고 하기에 말은 말 그대로 미덥고 진실해야 했다. 미덥지 않은 말은 말이 아니고, 진실하지 않은 말은 쓸모 있는 말이 아니다. 사람은 말로 생각과 감정과 의견을 교류하며 교제하기에 사람의 입에서 나오는 말은 진실하고 기뻐야 한다. 그래야 말이 말로서 말다운 구실을 할 수 있다. 일반적으로 사람이 하는 말은 미덥고 진실하기에 信신은 亻인과 言언을 결합하여 만들었다.

말은 말 자체로 아름답고 진실하다. 그러하기에 애써 아름답게 꾸밀 필요도 없고, 일부러 살을 더 붙일 필요도 없다. 굳이 말을 멋들어지게 하지 않더라도 말 자체가 진실하고 참되기에 귀를 즐겁게 하기에 충분하다. 그렇기 때문에 진실하고 믿음직한 말은 외려 거칠어 보이고 투박해 보이기까지 한다. 사람들은 흔히 본바탕을 숨기고자 할 때 겉꾸미고, 본모습을 감추고자 할 때 겉치레를 한다. 美言미언은 남 듣기 좋도록 아름답게 꾸미어 하는 말이다. 美言미언은 대개 알랑방귀를 뀔 때 하고, 본마음을 드러내지 않고자 할 때 한다.

시쳇말로 마음에도 없는 말을 할 적에 본마음을 들키지 않기 위해 짐짓 예쁘게 꾸미어 말하고, 윗사람이나 남에게 아첨할 적에 번지르르하게 말한다. 이러한 말속에는 믿음이 없다.

【　한자를 읽어보자　】

美 미 ──────── 羊 양 + 大 대

大대는 '사람'이다. 서 있는 사람을 앞에서 본 모습이다. 羊양은 동물 '양'이 아니라 머리에 두 가닥 새 깃털을 꽂은 모습이다. 고구려 수렵총 벽화에도 젊은 무사들이 멋진 새 깃털 등으로 머리 부분을 아름답게 꾸민 모습이 보인다.

美미는 사람이 머리에 빛깔 고운 새 깃털을 꽂고 있는 모습이다. '아름답게 꾸민 것'이다.

信 신 ──────── 亻 인 + 言 언

亻인은 '사람'이다. 言언은 '말, 언어'다. 말은 생각을 교류하는 매개체다.

信신은 '사람이 하는 말'이다. 사람은 언어로 교제하며, 교제는 진실해야 한다. 그렇지 않으면 구실을 잃는다. 사람이 입 밖으로 내는 말은 진실하고 정직하고 정확해야 믿음을 얻을 수 있다.

【　옛 글을 읽어보자　】

狗不以善吠爲良,
구불이선폐위량

人不以善言爲賢.　　—『莊子·徐无鬼』
인불이선언위현

개는 잘 짖는 것을 좋다고 여기지 않고, 사람은 잘 말하는 것을 어질다고 여기지 않는다.

—『장자·서무귀』

狗구는 '개'다. 不불은 '아니다', 以이는 뒤에 오는 것을 받아 '~을'이라는 뜻으로 풀어주는 역할을 한다. 善선은 '착하다, 잘하다', 吠폐는 '개가 짖다'다. 善吠선폐는 '잘 짖다'다. 爲위는 '~라고 여기다', 良량은 '좋다, 훌륭하다'다. 善言선언은 '말을 잘 하다'다. 賢현은 '어질다'다.

信言不美, 美言不信. ─『老子』

신언불미   미언불신

미더운 말은 아름답지 않고, 아름다운 말은 미덥지 않다.   ─『노자』

信言신언은 '믿을만한 말'이다. 不美불미는 '아름답지 않다'다.

美言미언은 '아름다운 말'이다. 不信불신은 '미덥지 않다'다.

나와 생각이 다른
타인의 말을 경청하라

黨同伐異

무리 당   한가지 동   칠 벌   다를 이

黨同伐異당동벌이는 자기와 관점이 같으면 덮어놓고 두둔하고, 자기와 관점이 다르면 다짜고짜 까고 때리는 것이다.

여느 짐승이라도 무리를 지어서 함께 먹고 함께 자며 함께 지낸다. 이해가 맞아떨어져서 한 무리를 이룰 수도 있고, 뜻이 맞고 마음이 통해서 한 무리를 지을 수도 있다. 아니면 그 밖의 다른 여러 가지 필요성에 의해 무리를 지어서 생활할 수도 있다. 심지어 푸나무들조

차도 군락을 이루며 생활을 한다. 이처럼 무리를 지어서 생활하기는 동물이나 식물이나 매한가지다. 아마도 생존에 더 유리하기 때문일 터이다.

사람도 마찬가지다. 온갖 형태의 집단을 만들어서 생활한다. 끼리끼리 어울리고, 패를 지어 따로따로 어울리고, 편을 갈라 뿔뿔이 떨어져서 논다. 서로 뜻이 맞고 마음이 통하는 사람들끼리 어우렁더우렁 짝짜꿍하며 지내는 모양새는 보기 좋다. 이해가 맞물려 있는 사람들끼리 서로서로 합심하고 협력하여 이익은 극대화하고 손해를 최소화하는 모습은 보아줄 만하다.

제 몫을 키우기 위해 패를 짓고 편을 가른다. 제 생각과 뜻을 크게 펼치기 위해 같은 편으로 끌어들이고 한 패를 이룬다. 사람인 이상 끼리끼리 어울리며 유유상종하는 것은 당연지사다. 특히나 오늘날 민주사회는 헌법으로 결사의 자유와 집회의 자유를 적극 보장하고 있다. 그래서 패를 짓고 편을 갈라 공동 목적을 손쉽게 이루고, 공동 이익을 많이 얻으려는 행위 자체는 전혀 나무랄 데가 없다.

말 타면 경마 잡히고 싶은 게 사람 마음이다. 꿩 먹고 알까지 먹으려 드는 게 사람 마음이다. 남에게 경마를 잡게 하고 알까지 먹으려니 당동黨同만 해서는 되겠는가! 벌이伐異까지 일삼는다. 내 패가 아니고 내 편이 아니면 불문곡직不問曲直: 굽음과 곧음을 묻지 않는다는 뜻으로, 옳고 그름을 가리지 않고 함부로 일을 처리함하고 사정없이 공격한다. 그래야 내 몫이 더 커지고 내 욕심을 더 채울 수가 있다. 뒷골목 패거리 마냥 옳고 그름을 가리지도 않고 따지지도 않은 채 단지 나와 생각을 달리한다고 해서 무조건 반대하고 인정사정없이 공격을 해댄다. 한 발짝만 비켜서서 보면 그 편도 우리고 그 패도 우리인데 말이다.

【　한자를 읽어보자　】

黨 당 ——————— 尚(尙)상 + 黑 흑

尚(尙)상은 '높이다, 숭상하다'다. 여기서는 발음 기호 역할도 한다.

黑흑은 얼굴에 묵형墨刑을 받은 사람 모습이다. 묵형
은 얼굴에 먹으로 문신을 새기는 형벌이다. 여기서는
검은 색이 가진 부정적인 의미를 더한다.

黨당은 검은 것으로 대표되는 '부정적인 것'을 '높이
려고' 모인 집단을 가리킨다. '무리, 당짓다'다.

同동 ──────── 冂(凡)범 + 口구다.

冂(凡)범은 '여러 사람들, 모두'고, 口구는 '말하는 입'이
다.

同동은 여러 사람들이 같은 말을 하는 상황을 나타
냈다. '뜻이 같다, 뜻을 같이 하다'다.

伐벌 ──────────── 亻인 + 戈과

亻인은 '사람'이고, 戈과는 '창, 무기'다.

伐벌은 창으로 사람을 베는 모습을 나타냈다. '베다,
치다, 때리다'다.

異_{이는}

귀신 탈을 쓰고 춤추며 사람을 놀라게 하는 모습이다.
'이상하다, 다르다'다.

【　옛 글을 읽어보자　】

與己同則應, 不與己同則反.
　　여기동즉응　　　　불여기동즉반

同於己爲是之, 異於己爲非之.
　동어기　위시지　　이어기　위비지

— 『莊子·寓言』

───────────────────────

자기와 같으면 따르고, 자기와 같지 않으면 반대한
다. 자기와 같으면 옳다고 하고, 자기와 다르면 그르
다고 한다.　　　　　　　　　　— 『장자·우언』

與여는 '~와', 己기는 '자기'다. 與己여기는 '자기와'다. 同

동은 '같다'다. 則_즉은 '~면 곧'이다. 應_응은 '응하다, 따르다'다.

不_불은 '與己同_{여기동}하지 않음'을 나타낸다. 反_반은 '반대하다'다. 於_어도 여기에서는 '~와'다. 同於己_{동어기}는 與己同_{여기동}과 같은 뜻 다른 표현이다. 爲_위는 '~라고 여기다', 是_시는 '옳다', 之_지는 지시대명사 '그, 그것'이다. 異_이는 '다르다'다. 異於己_{이어기}도 不與己同_{불여기동}과 같은 뜻 다른 표현이다. 非_비는 '아니다'다.

발 없는 '나쁜' 말이 천리 간다

惡事行千里

악할 악 　 일 사 　 갈 행 　 일천 천 　 마을 리

스피드 시대에 걸맞게 쉴 없이 재잘대는 트위터라는 게 있다. 자잘한 잡담으로부터 중대한 사건까지 정말로 다양한 '이야깃거리'로 가득한 사이버 공간이다. 옛적에 우리네 어머니 할머니들이 우물가에 모여서 벌였던 우물 공사와 비슷하지 않나 싶다. 소통의 방식은 변하고 있지만 소통의 욕구는 예나 지금이나 다르지 않다.

말은 발이 없어도 순식간에 천리를 내닫는다. 이 입

에서 저 입으로, 이 동네에서 저 동네로 말은 소문이 되어 눈덩이처럼 불어나며 천리 밖까지 멀리멀리 퍼진다. 그런데 들어서 기분 좋은 소문은 그리 많지 않다. 팔을 걷고 나서서 퍼뜨리고픈 흐뭇한 그런 소문은 좀체 귀에 들리지 않는 것 같다. 왜일까? 사촌이 땅을 사면 배가 아파서일까. 아니면 남 좋은 일을 하기 싫어서일까. 남 잘되는 꼴을 보면 배알이 뒤틀리고 아니꼬운 게 사람 마음이다. 그래서 그런지 착한 일, 선행은 소문나기가 힘겨운 것 같다.

【 　 한자를 읽어보자 　 】

惡 악 ──────── 亞 아 + 心 심

亞아는 옛 무덤 묘실의 평면도 모양이다. '버금, 흉하다'라는 뜻을 갖는다.

惡악은 시신, 무덤과 관련해 일어나는 '흉한 마음'으로, '나쁘다, 미워하다'를 뜻한다.

事 사 ─────── 붓을 잡고 있는 손 모양

'문서를 기록하는 사람, 또는 그 일'이었는데 나중에 일반적인 '일, 사건'이란 뜻으로 분화했다.

行 행 ─────────── 사거리 모양

彳척+丁촉으로 보는 경우도 있지만 彳과 丁은 行행을 잘라 만든 글자다.

　行행은 사방으로 갈 수 있는 곳이다. '길, 가다, 행하다' 등 다양한 뜻으로 사용되었고 여기에서는 '돌다, 퍼지다'로 새긴다.

【　옛 글을 읽어보자　】

所謂好事不出門, 惡事行千里,
소위　　호사불출문　　　악사행천리

士君子得不戒之乎!

사군자득불계지호

─『北夢瑣言』孫光憲

이른바 좋은 일은 문밖을 나가지 않고, 나쁜 일은 천
리를 간다고 하니, 사군자가 경계하지 않을 수 있겠
는가! ─『북몽쇄언』손광헌

所소는 '~하는 바', 謂위는 '이르다'다. 所謂소위는 '이른
바'다.

好事호사는 '좋은 일', 惡事악사는 '나쁜 일'이다. 士君
子사군자는 '선비와 군자'다. '덕행이 높고 학문이 뛰어
난 사람'이다.

得득은 '얻다, ~할 수 있다'다. 戒계는 '경계하다, 조
심하다'다.

요즘은 하도 싱숭생숭하고 빨리빨리 시대라 그런지
아침에 착한 일을 해놓고 저녁에 그 일이 소문나기를
갈망하는 사람들이 있다. 콩밭에 가서 두부 찾는 격으

로 허울 좋은 착한 일 하나 해놓고는 빨리빨리 소문나기를 안달하는 경향이 있다. 얼른 알아주지 않을까 안달복달하며 조바심을 친다. 허나 착한 일은 드러내어 떠벌릴수록 널리 퍼지지 않는 속성이 있다. 외려 선행은 숨기면 숨길수록 더욱더 멀리멀리 길이길이 퍼지고 떠돈다.

반대로 좋지 않은 소문은 여기저기서 많이도 들린다. 장안에 무성한 소문은 거개가 좋지 않은 이야깃거리다. 허니 나쁜 일이나 악행은 저지른 즉시 솔직하니 고백하고 용서를 구해야 한다. 그래야 남의 입에 덜 오르내리고 쉬이 사그라진다.

숨기고 감출수록 들추어내고 까발리고픈 게 사람 마음이다. 사람은 불완전한 존재로 태어나기에 한두 번은 나쁜 짓도 할 수 있고 못된 짓도 저지를 수 있다. 까짓 것 기왕 저지른 나쁜 짓이니 용기 있게 발이 손이 되도록 빌고 진정으로 용서를 구해야 한다. 쉬쉬하고 덮을 게 아니다. 나쁜 소문은 숨길수록 널리 퍼지기 마련이다.

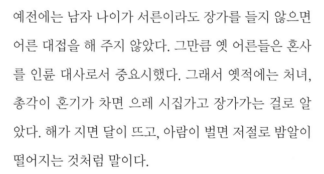

열 두 번 째
저　　녁

결혼은 사람살이의
가장 자연스러운 연대다

男女大須婚

사내 남　계집 녀　큰 대　마땅히 수　혼인할 혼

예전에는 남자 나이가 서른이라도 장가를 들지 않으면 어른 대접을 해 주지 않았다. 그만큼 옛 어른들은 혼사를 인륜 대사로서 중요시했다. 그래서 옛적에는 처녀, 총각이 혼기가 차면 으레 시집가고 장가가는 걸로 알았다. 해가 지면 달이 뜨고, 아람이 벌면 저절로 밤알이 떨어지는 것처럼 말이다.

만일 혼기 놓친 노총각, 노처녀라도 있으면 작게는 군수님이 나서고 크게는 나라님이 발 벗고 나섰다. 결

68

혼하지 않고 독신으로 사는 것은 꿈도 못 꾸던 시절이 있었다. 노총각, 노처녀로 늙어 죽지 못하도록 주위에서 가만 놔두질 않았다. 기어코 짝을 지어 주려 애를 썼다. 짚신도 제짝이 있는데 어디가 못 나서 아직껏 짝도 찾지 못했느냐며 달달 볶는다. 그야말로 결혼 못하면 큰일 난 줄 알았다.

요즘 일부 젊은 남녀들은 결혼하여 부부로서 함께 사는 것보다 결혼하지 않고 홀로 독신으로 살아가는 것이 훨씬 많은 자유를 만끽할 수 있다는 이유로 독신주의의 길을 걷기도 한다. 그러나 옛 사람들은 생각이 달랐던 모양이다. 백지장도 맞들면 낫다는 속담이 있다. 하나보다는 둘이, 둘보다는 셋이 서로의 부족한 부분을 채우며 함께 살아가는 것이 세상이치 아닐까. 남녀가 어른이 되면 결혼하는 게 당연한 이치라는 이 말(남녀대수혼 男女大須婚)을 구시대적 발상이라고 고루하게 여기는 생각은 또한 얼마나 억지스러운가.

男남 ——————— 田전 + 力력

田전은 '밭' 모양이다. 力력은 쟁기 모양으로 '힘'이다.

　男남은 밭에서 쟁기를 들고 힘쓰는 사람, 즉 '남자, 사내'다.

女녀,

무릎을 꿇고 두 손을 모아 다소곳이 앉아 있는 사람, 즉 '여자, 계집'이다. 女녀가 결혼을 하고 아이를 낳으면 母모, 어미가 된다.

大대는,

양 팔과 양 다리를 크게 벌리고 서 있는 사람, 즉, '크다, 어른이 되다'다.

須 수 ——————— **彡** 삼 + **頁** 혈

彡삼은 '터럭, 털'이고 頁혈은 '얼굴'이다.

須수는 '얼굴에 난 수염'이다. 남자들은 으레 얼굴에 수염이 난다. 이 글자가 '마땅히, 모름지기'라는 뜻으로 더 많이 쓰이자 본래 뜻을 위해서 髟머리털 늘어질 표를 덧붙여 鬚수염 수를 만들었다. 髟표를 보자. 털彡이 긴長 것을 알겠는가?

婚 혼 ——————— **女** 여 + **昏** 혼

昏혼은 氏씨+日일이다 氏씨는 '허리를 굽힌 채 물건을 든 사람'이다. 그 물건은 '씨'거나 '농사와 관련 있는 것'으로 추정된다. 昏혼은 해가 이 사람 발밑으로 떨어진 것이다. 해가 저물었으니 집으로 돌아갈 시간이다. '어둡다, 저녁'이다. 옛날에는 혼인을 저녁때 했다.

婚혼은 '결혼하다, 장가가고 시집가다'다.

待西施毛嬙而爲配,
대서시모장이위배

則終身不家矣.　　　—『淮南子·齊俗訓』
즉종신불가의

서시와 모장 같은 미인을 기다려 짝을 삼으려 한다
면, 평생 장가들지 못한다.　　　—『회남자·제속훈』

待대는 '기다리다'다. 西施서시와 毛嬙모장은 중국의 이
름난 미인들이다. 爲위는 '하다, 삼다', 配배는 '아내, 짝'
이다. 則즉은 '~면, 곧'이다. 終종은 '끝, 마치다', 終身종
신은 '몸을 마치도록, 평생'이다. 家가는 '집, 집을 이루
다, 장가들다'다.

　결혼은 내 반쪽을 찾는 여정이라고 했다. 내게 없는,
내게 부족한 부분을 온전히 채워 줄 반쪽을 찾는 일이

다. 그런 사람은 미남 미녀가 아니어도 좋다. 혼자보다는 둘이 함께 가는 것을 좋아하는 사람, 혼자 먹기보다는 둘이 마주 보며 먹는 것을 좋아하는 사람. 이런 내 반쪽을 만나는데 미남 미녀라는 조건은 저 뒤로 미뤄두어야 할 것이다. 남자는 여자를 향하고, 여자는 남자를 바라는 것은 자연이다.

결혼은 남자와 여자가 만나서 한세상 아옹다옹하며 살아가는 거다. 그러다 보면 미운 정도 들겠고 고운 정도 들 터이다. 하나와 하나가 만나서 둘이 됐으니 셋 되기는 시간문제다. 그렇게 사는 거다. 결혼은 의무가 아니다. 조상님들 제사를 위해, 부모님을 위해 결혼을 하는 것이 아니다. 나 하나를 위해 하는 거다. 결혼은 삶 자체다.

아랫사람의 허물은
대개 윗사람에서 비롯한다

上濁下不淨

위상　흐릴탁　아래하　아니부　맑을정

아이는 어른의 거울이다. 곧고 바르면 곧고 바른 대로
본받아 따르고, 굽고 비뚤면 굽고 비뚠 대로 흉내 내며
몸으로 배운다. 거울 속에 비친 모습이 삐딱하니 바르
지 않다고 해서 손을 뻗쳐 거울 속 모습을 바로잡을 수
는 없다. 그림자가 굽었다고 해서 그림자를 나무라고
뜯어고칠 수는 없다. 나부터 발라야 거울 속 모습도 바
르게 될 터이고 그림자도 반듯해질 터이다.

　푯대가 굽었는데 어찌 그림자가 곧기를 바랄 것이

며, 윗물이 더러운데 어찌 아랫물이 깨끗하고 맑기를 바라겠는가. 부모가 온효자 되어야 자식이 반효자 되고, 윗물이 맑아야 아랫물이 맑다. 윗사람이 언행을 바르고 깨끗하게 해야 아랫사람도 행실을 바르게 할 터이다. 사람이면 애나 어른이나 모방 본능을 가지고들 있다. 그래서 그렇게들 따라하고 싶어 안달이고, 흉내내고 싶어 애가 타는 모양이다.

겨 묻은 개가 똥 묻은 개를 보고 나무라 봤자 귓등으로도 안 들을 것이며, 흉봐 봤자 누워서 침 뱉기다. 오십 보를 내뺀 사람이 백 보를 달아난 사람을 보고 비겁하다고 비웃는다고 해서 그 사람이 부끄러워하며 뉘우치겠는가.

【　한자를 읽어보자　】

濁탁 ——————— 氵수 + 蜀촉

蜀촉은 발음 기호 역할을 한다. 濁탁은 '흐린 물'이다. 나중에 '더럽다'란 뜻으로 많이 사용되었다.

净 정 ——————— 氵 수 + 爭 쟁

爭쟁은 윗부분 손과 아랫부분 손이 서로 물건을 당기고 있는 모양이다. '다투다'다. 여기에서는 발음 기호 역할을 한다.

净정은 '깨끗한 물'이다. '깨끗하다'란 뜻으로 쓰인다.

【　옛 글을 읽어보자　】

夫其流者必潔其源,
부기류자　　필결기원

正其末者須端其本. —『隋書·李文博傳』
정기말자　　수단기본

무릇 그 흘러감을 맑게 하려는 자는 반드시 그 근원

을 깨끗이 해야 하고, 그 말단을 바르게 하려는 자는
모름지기 그 근본을 바르게 해야 한다.

―『수서·이문박전』

夫부는 '대체로, 무릇'이다. 문장을 시작할 때 발어사로
쓴다. 淸청은 '맑다', 流류는 '흐르다'다. 必필은 '반드시',
潔결은 '깨끗하다', 源원은 '근원'이다. 正정은 '바르다,
바르게 하라', 末말은 '끝, 말단'이다. 須수는 '모름지기',
端단은 '바르다', 本본은 '뿌리, 근본'이다.

나부터 생각과 언행을 바르게 해야 한다. 내가 먼저
깨끗하고 청렴결백해야 한다. 내가 먼저 바르고 떳떳
해야 한다. 그러자면 지금이라도 당장에 변해야 한다.
내가 먼저 변해야 남도 변할 수 있다. 윗물은 아랫물
을 탓하고, 아랫물은 윗물 탓으로 돌린다면 백년하청
이다.

恕서는 如같을 여 + 心마음 심이다.

如心여심은 마음을 같게 하는 것이다.

내 마음으로 그 사람 마음을 헤아리는 것이다.

즉, 내 마음을 가져다가 그 사람 마음과 맞추어 보는 것이다.

그리하면 이해 안 될 것이 없고 용서 안 될 것이 없다.

소통이 없으면 알 수 없고, 알지 못하면 이해할 수 없고,

이해하지 못하면 용서할 수 없다.

그러므로 恕서는 배려하는 마음이다.

배려와 용서의
온기를 채워주는
저녁 한자

용서란 내 마음을
네 마음과 같게 하는 것이다

恕

용서할 서

오늘날 우리 사회는 남을 배려하고 용서하고 포용하는 마음을 찾기 힘들다. 소통이 부족하기 때문이다. 그 사람이 왜 그런 말을 하고 그런 행동을 했는지 제대로 알지도 못하면서 덮어놓고 손가락질하고 비아냥거린다.

恕서는 사랑하는 마음이다. 사랑하고 좋아하는 마음으로 남을 대하는 것이다. 容恕용서란 그 사람을 잘 헤아리고 진심으로 사랑하지 않으면 안 되는 것이다. 하지만 대부분의 사람들은 용서받을 상대방에 대한 속

깊은 이해를 바탕으로 하기보다는 우선 자기 마음 편하자고 섣불리 용서를 한다. 이는 진정한 용서라고 할 수 없다. 용서는 나보다 상대방을 먼저 헤아리는 마음에서 해야 하는 것이다.

【 　한자를 읽어보자　 】

恕서 ——————— 如여 + 心심

如여는 女여+口구다. 女여는 두 손을 모으고 다소곳이 꿇어앉아 있는 여자 모습이다. 여자는 오늘날 사회활동이 많이 늘었지만, 예전에는 주로 집 안에서 일하며 하루를 보내는 시간이 많았다. 특히 대부분을 방 안에서 지냈다. 그 때문에 하고많은 모습 가운데 꿇어앉아 있는 모습을 골라 본떠서 여자를 뜻하는 女여를 만들었다. '안정하다, 편안하다'를 뜻하는 安안을 보면 더욱 실감할 수 있다.

　여기서 문제는 口구다. 口구는 한자에서 여러 가지

의미를 표시할 수 있으나 如여에서는 두말할 나위 없이 말하고 먹고 하는 '입'이다. 그런데 이 입이 누구의 입인가가 문제다. 예전에 여자는 모름지기 시집가기 전에는 아버지의 가르침을 따르고, 시집가서는 지아비의 말을 따라야 했다. 심지어 지아비가 죽은 뒤에는 자식의 뜻을 따라야 했다. 如여는 그러니까 여자女는 아버지나 지아비의 가르침口을 고분고분 따라야 함을 표시한 한자라고 풀이할 수 있다.

그러나 如여를 兄형과 관련하여 살펴보면 위의 풀이는 뭔가 찜찜하다. 兄형은 儿('人인'과 같은 글자다)+口구다. 자기보다 먼저 태어나서 말을 조잘조잘 잘하는 남자아이, 바로 '형'을 가리킨다. 그렇다면 如여는 옹알이를 마치고 이미 재잘재잘 말을 할 줄 아는 여자아이를 나타낸 것이라 볼 수 있다. 아이가 말을 배울 때 으레 부모 말을 따라 하기 마련이다. 또 아이가 하는 말은 부모 입에서 나온 말과 다름없다. 그러므로 如여는 '따르다, 직수굿하다, 같다, 비슷하다'는 뜻을 갖고 있다.

　恕서는 바로 如心여심이다. 如心여심은 마음을 같게 하는 것이다. 내 마음이 그 사람 마음과 같다면 그가 한 말이나 행동이 절로 이해되고 용서가 될 것이다.

其恕乎! 己所不欲, 勿施於人.
기서호   기소불욕   물시어인

— 『論語·衛靈公』

아마 恕서이겠지? 자기가 하고자 하지 않는 것을 남

에게 베풀지 말라.   — 『논어·위영공』

其기는 '그것'이다. 乎호는 주로 '의문'을 나타내지만 여

기서는 其기와 호응하여 '추측'을 나타낸다. 己기는 '자

기', 所소는 '~하는 것' 不欲불욕은 '하고자 하지 않다'이

니 所不欲소불욕은 '하고자 하지 않는 것'이 된다. 勿물은

'~말다', 施시는 '베풀다'다. 勿施물시는 '베풀지 말라'다.

於어는 '~에게', 人인은 '남', 於人어인은 '남에게'다.

　恕서는 易地思之역지사지하는 것이다. 내 마음으로 그

83

사람 마음을 헤아리는 것이다. 내 마음을 가져다가 그 사람 마음과 맞추어 보는 것이다. 그리하면 이해 안 될 것이 없고 용서 안 될 것이 없다. 소통이 없으면 알 수 없고, 알지 못하면 이해할 수 없고, 이해하지 못하면 용서할 수 없다. 그러므로 恕서는 배려하는 마음이다. 내가 싫으면 남도 싫어한다.

충고는 상대방의 입장을
사려 깊게 헤아린 뒤
최대한 짧고 간결하게 한다

諫諍

간할 간　간할 쟁

諍쟁은 言언과 爭쟁, 바로 언쟁言爭이다. 언쟁은 말다툼이고 말싸움이다. 옳지 못하거나 잘못된 일을 고치도록 바른말로 권할 때 자칫하면 말다툼으로 번지고 말싸움으로 발전할 개연성이 높다. 사람마다 감정이 있고 생각이 다르기 때문이다. 그러하기에 남의 허물이나 잘못을 타이를 적에는 십이 분 조심해야 한다. 무엇보다 먼저 남에게 충고할 적에는 상대방이 감정을 상하지 않도록 세심한 배려가 있어야 할 것이다.

함부로 어설프게 충고하거나 타일렀다가는 외려 앙심을 품게 만들고 등을 돌릴 수 있다. 그러니 남의 잘못을 타이를 적에는 그 사람이 충고나 충언을 즐거이 받아들일 만한 그릇을 가졌는지부터 알아봐야 한다. 그렇지 않고 무턱대고 했다가는 고맙다는 말은커녕 반발과 무안만 당할 것이다.

몸에 좋은 약은 입에 쓰듯이 충언도 귀에 거슬린다. 그 때문에 충고는 자칫하면 감정 대립으로 치달아 말다툼으로 번질 수 있고, 의견 대립으로 발전하여 말싸움으로 커질 수 있다.

감정과 감정이 부딪치고 의견과 의견이 충돌하다 보면 서로 등지기도 하고 미워하기도 한다. 그러므로 諍쟁하기에 앞서 반드시 諫간하여야 한다. 諫간은 言언과 柬간, 바로 '가려 말하기'다. 충고를 할 때는 말을 신중히 가려서 하고, 상대방을 꼼꼼히 가려서 해야 한다. 또한 충고는 최대한 짧고 간결할수록 좋다. 충고가 길어지면 잔소리가 된다.

간쟁諫諍은 바른말을 신중히 고르고 상대방을 가려하는 덕목이지만 부득이한 경우 말다툼과 말싸움을 할 각오로 남의 잘못이나 허물을 타이르는 것이기도 하다. 자식이 부모에게 간언諫言을 올릴 적에는 불효막심한 돼먹지 못한 놈이라는 소리를 들을 각오로 해야 하고, 아랫사람이 윗사람에게 간할 적에는 밉보여 불이익을 받거나 직장 생활이 꼬일 수 있음을 각오하고 해야 한다. 말을 고르고 상대방을 가려서 하더라도 주제넘은 놈이니, 건방진 놈이니 하는 소리를 들을 수 있다. 바른말로 타이르는 것은 이처럼 어렵고도 힘든 일이다.

【　　한자를 읽어보자　　】

諫간 ─────── 言언 + 柬간

言언은 '말하다', 柬간은 '가리다'다.

　諫간은 '가려 말하다'다. 충고를 할 때는 말을 신중히 가려서 하고, 상대방을 꼼꼼히 가려서 해야 한다.

諍쟁 —————— 言언 + 爭쟁

言언은 '말하다', 爭쟁은 '다투다'다.

　諍쟁은 '말로 다투다, 간쟁하다'다. 아랫사람이 윗사람이 잘못한 점을 고치도록 말하는 것이다.

【　옛 글을 읽어보자　】

道吾善者, 是吾賊.
도오선자　　시오적

道吾惡者, 是吾師.　—『明心寶鑑·正己篇』
도오악자　　시오사

내 좋은 점을 말하는 자는 내 적이다. 내 나쁜 점을

말하는 자는 내 스승이다.　—『명심보감·정기편』

道도는 '말하다', 吾오는 '나', 善선은 '좋은 점, 잘하는 점', 者자는 '~하는 사람'이다. 是시는 '이, 이 사람'이다.

賊적은 '적, 해치다'다. 惡악은 '나쁜 점, 잘못한 점'이다.
師사는 '스승'이다.

　내 주위에 나의 잘못이나 허물을 보고 충고를 아끼
지 않는 벗이나 후배가 있다면 참으로 크나큰 복이다.
당장은 귀에 거슬리겠지만 충심으로 내 허물을 타이르
는 벗과 후배가 있어 더 큰 불의를 저지르지 않을 것이
고 더 깊은 수렁으로 빠지지 않을 것이기 때문이다.

어려움을 함께 한 사람이
진짜 벗이다

貧賤之交

가난할 빈   천할 천   어조사 지   사귈 교

벗이란 마음이 통하고 뜻이 맞아 사이좋게 지내는 사람이다. 마음이 맞고 뜻이 통하는 벗을 만나기란 참으로 어렵다. 일찍이 함석헌 선생이 노래한 "멀리 집 나서는 길, 처자를 내맡기고 맘 놓고 갈 만한" 그런 벗을 얻기란 너무나 어렵다. 한결같은 마음으로 친하게 지내는 벗 한둘이면 한 세상 그야말로 오지게 살았다고 할 수 있겠다.

우리는 살아가면서 누군가를 벗으로 삼고, 또 누군

가의 벗이 된다. 길게는 고향 친구가 있을 테고, 짧게는 여행하다 우연히 만난 길동무가 있을 터이다. 한 학교에서 한동안 같이 배웠다는 이유로 알고 지내는 학교친구, 한 회사에서 한동안 함께 밥벌이했다는 이유로 가까이 지내는 회사 친구 등이 있을 터이다. 남자라면 군대 동기도 있을 터이다. 이러한 벗은 각각의 까닭과 목적으로 만난 사람들이다. 그 때문에 이유와 목적이 없어지거나 엷어지면 그에 따라 친구 관계도 싱거워지거나 흐지부지해진다.

벗은 많을수록 좋다. 꽃구경에 어울릴 만한 벗, 물놀이를 함께 하고픈 벗, 달구경에 어울릴 만한 벗, 눈경치를 함께 하고픈 벗 등등을 두루두루 알고 지내면 좋을 터이다.

새도 가지를 가려서 앉듯이 벗도 가려서 사귀라는 말이 있다. 이 말은 수긍할 수 없다. 지혜로운 벗은 그 지혜를 붙좇아 어울리고, 설사 지혜롭지 못한 사람도 벗으로 알고 지내면 그 나름대로 어울릴 만한 구석이 있다. 말하자면 제 하기 나름이다. 마음이 맞고 뜻이 통

하는 사람이라면 신분과 지위를 따지지 말고 벗으로
사귈 일이다.

【 　한자를 읽어보자 　】

貧빈 ─────── 分분 + 貝패

分분은 '나누다'다. 위쪽의 八팔은 둘로 쪼개지는 모양
이고, 아래쪽의 刀도는 칼이다. 칼로 쪼개서 나누는 것
을 나타냈다.

貝패는 껍데기를 양쪽으로 벌린 조개 모양이다. 고
대 중국인들은 조개를 화폐로 사용했으므로 貝패가 들
어있는 한자들은 주로 돈, 재물과 관련한 뜻을 가지고
있다.

貧빈은 재물이 나눠지고 나눠져 적어진 것을 나타냈
다. 재물이 적어지니 '가난'하게 된 것이다. 이 글자를
두고 '재물을 나눠주면 가난해진다'로 이해하면 곤란
하다.

옛 선비들 중에는 재물욕을 멀리하고 학문의 정진에 힘썼던 이들이 적지 않았다. 이들은 비록 가난했지만, 항상 이웃과 나라를 걱정했다. 이들은 말 그대로 청빈清貧한 삶을 몸소 실천했고 이를 행복이라 여겼다. 거리를 지나다 보면 이런 감동적인 글귀도 보인다. "처음엔 몰랐어요. '나누다'와 '행복하다'가 같은 뜻이라는 것을." 이 글귀에 청빈했던 옛 선비들의 모습이 겹쳐진다.

賤 천 ——————— 貝 패 + 戔 전

貝패는 '조개'고 '재물'이다. 戔전은 '적다'다.

천한 사람은 여러 가지가 부족하다. 특히 재물이 없어 천한 신세가 되는 경우가 허다하다. 재물이 없어도 천해지지 않으려면 무엇으로 자신을 채워야 할까?

貧賤之知不可忘,
빈천지지　　불가망

糟糠之妻不下堂.　　　—『後漢書·宋弘傳』
조강지처　　불하당

가난하고 천할 때 알던 이는 잊을 수 없고, 살림살이
가 매우 어려울 때 같이했던 아내는 버리지 않는다.

—『후한서·송홍전』

앞에서 살펴보았듯이 貧賤빈천은 '가난하고 천할 때'를
가리킨다. 知지는 '알던 이', 즉 '친구'다. 可가는 '할 수
있다'다.

忘망은 '잊다'다. 不可忘불가망은 '잊을 수 없다. 잊어
서는 안 된다'다. 糟조는 '술지게미'다. 糠강은 '쌀겨'다.
糟糠조강은 '먹을 것이 없어 술지게미나 쌀겨로 끼니를
때우던 어려운 시절'이다. 妻처는 '아내'다. 下하는 '내
려가게 하다'다. 堂당은 '집'이다. 따라서 不下堂불하당은

'집에서 나가게 하다', 즉 '버리다'가 된다.

　비 온 뒤에 땅이 굳어진다. 어려움을 함께한 사람은 아무래도 믿을 만하다. 황금만능에 물들지 않는 숫된 마음으로 사귄 벗이라야 오래오래 함께할 수 있을 터이다. 옛사람도 일찍이 말했듯 평소에 좋은 벗도 내가 어려움을 만나면 발 벗고 나서서 도와줄 이는 그다지 많지 않다. 예부터 등 따습고 배부르면 딴마음을 품는다고 했다. 오죽하면 벼락출세하고 벼락부자가 되면 예전에 사귀던 벗과 고생을 함께했던 아내를 바꾸라는 말까지 나돌았겠는가!

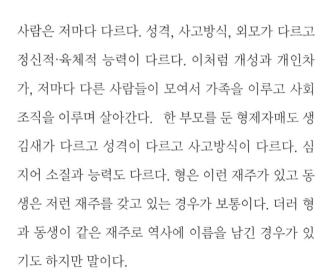

열일곱 번째

저   녁

타인의 능력을 존중한 뒤에
자신의 능력을 발휘하라

和光同塵

화합할 화   빛 광   함께 동   티끌 진

사람은 저마다 다르다. 성격, 사고방식, 외모가 다르고 정신적·육체적 능력이 다르다. 이처럼 개성과 개인차가, 저마다 다른 사람들이 모여서 가족을 이루고 사회조직을 이루며 살아간다.   한 부모를 둔 형제자매도 생김새가 다르고 성격이 다르고 사고방식이 다르다. 심지어 소질과 능력도 다르다. 형은 이런 재주가 있고 동생은 저런 재주를 갖고 있는 경우가 보통이다. 더러 형과 동생이 같은 재주로 역사에 이름을 남긴 경우가 있기도 하지만 말이다.

같은 부모한테서 태어난 형제자매라도 소질과 능력이 다르며, 그로 말미암아 분열이 일어나고 차이가 형성된다. 형제자매 관계일지라도 저마다의 개성과 개인차만을 주장하고 나선다면 콩가루 집안이 되는 것은, 시간문제다. 내 개성만 제일이고 내 재주만 최고라며 뽐내고 드러낸다면 분란이 생길 것은 불 보듯 뻔하다. 좋은 재주도 남을 배려하는 마음 위에서 부려야 아름답다. 제 잘난 줄만 알고 까부는 재주꾼은 조직의 화합을 해치고 조화를 깨뜨린다.

'눈빛을 누그러뜨려 속세와 하나가 되라'는 화광동진和光同塵의 자세는 자기만을 내세우는 것이 미덕인 현세태를 꾸짖는다.

【　한자를 읽어보자　】

和화 ─────── 禾화 + 口(龠)약

禾화는 '벼'다. 여기서는 '화'라는 음을 내는 발음 기호 역할을 한다. 口(龠)약은 '피리, 피리 소리'다.

和화는 '조화로운 피리 소리'를 표현한 것이다. 흔히 '화목하다'로 새기는데, '자기를 누그러뜨리고 상대에게 맞추다, 어우러지다'라는 뜻이다.

光광 ———— 火화 + 儿(人)인

불을 들고 옆에서 시중드는 사람을 나타냈다. '광채, 빛'이다.

同동 ———— 冂(凡)범 + 口구

冂(凡)범은 '여러 사람들, 모두'다. 口구는 '말하는 입'이다.

同동은 여러 사람들이 같은 말을 하는 상황을 나타냈다. '같아지다, 똑같게 하다'다.

塵진 ———— 鹿록 + 土토

鹿진은 사슴이다. 사슴, 노루와 관련이 있다. 麕노루 균,
麇노루 균, 麃고라니 포, 麋큰사슴 미 등이 그렇다.

　塵진은 사슴 떼가 달려갈 때 나는 먼지를 나타냈다.
본래 글자에는 사슴 셋을 표시했었다. '먼지, 티끌'이
다. 여기서는 '보통사람, 보통내기'를 뜻한다.

【　옛 글을 읽어보자　】

知者不言, 言者不知.
　　지자불언　　　언자부지

塞其兌, 閉其門, 挫其銳, 解其紛,
　　색기태　　폐기문　　좌기예　　해기분

和其光, 同其塵, 是謂玄同.
　　화기광　　동기진　　시위현동

故不可得而親, 不可得而疏,
　　고불가득이친　　　불가득이소

不可得而利, 不可得而害,
　　불가득이리　　　불가득이해

不可得而貴, 不可得而賤,
불가득이귀　　　불가득이천

故爲天下貴. 知者不言, 言者不知.
고위천하귀　　　지자부언　　　언자부지

—『老子』五十六

참으로 아는 사람은 그 앎에 대하여 말하지 않으니,
앎에 대해 말하는 사람은 진정 아는 사람이 아니다.
(진정한 앎이 있는 사람은) 그 이목구비를 틀어막고,
(지혜의) 문을 닫으며, (지혜의) 날카로움을 꺾고, (지
혜 때문에 일어나는) 혼란을 풀고, (지혜의) 빛을 누그
러뜨리고, 속세의 티끌과 하나가 되니, 이것을 현동
玄同이라고 하는 것이다. 그러므로 (이와 같은 현동의
사람에 대하여는) 친해질 수도 없고, 멀어질 수도 없
으며, 이득을 줄 수도 해를 줄 수도 없고, 귀하게 할
수도 천하게 할 수도 없으니, 천하에 가장 귀한 것이
된다.　　　　　　　　　　　　　—『노자』오십육

塞색은 '막다', 兌태는 '기쁜 것, 좋아하는 것'이다. 마음

을 들뜨게 하는 쾌락의 유혹이다. 閉_폐는 '닫다', 門_문은 '외부로 향하는 마음의 문'이다. 挫_좌는 '꺾다', 銳_예는 '날카로움'이다. 解_해는 '풀다', 紛_분은 '어지러움'이다. 和_화는 '누그러뜨리다', 光_광은 '지혜의 빛'이다. 同_동은 '같아지다', 塵_진은 '속세의 티끌'이다. 是謂_{시위}는 '이것을 일러 ~라고 한다'다. 玄同_{현동}은 '가물한 같아짐'이다.

사람 위에 사람 없고 사람 밑에 사람 없듯이 재주도 마찬가지다. 재주는 다를지언정 재주 자체에는 경중 輕重이 없다. 그러므로 옛사람은 계명구도鷄鳴狗盜*같은 재주도 함부로 대하지 않았다. 이런 재주 가진 사람이 저런 재주 가진 사람을 얕보지도 않고 빈정거리지도 않는다. 나는 이런 재주를 가졌지만 저런 재주는 없다.

---

* 계명구도: 닭의 울음소리를 잘 내는 사람과 개의 흉내를 잘 내는 좀도둑이라는 뜻으로, 비굴하게 남을 속이는 하찮은 재주 또는 그런 재주를 가진 사람을 이르는 말. 중국 제나라의 맹상군이 진(秦)나라 소왕(昭王)에게 죽게 되었을 때, 식객 가운데 개를 가장하여 남의 물건을 잘 훔치는 사람과 닭의 울음소리를 잘 흉내 내는 사람의 도움으로 위기에서 빠져나왔다는 데서 유래한다.

그러므로 나에게 없는 재주를 가진 사람은 나를 도와주는 곁꾼이자 동료다. 똑같은 재주를 가지고 있다면 그 우열의 차이로 말미암아 질투하고 시기하고 모함하려 하겠지만, 그렇지 않다면 같은 조직에 소속된 구성원은 결코 경쟁 상대가 아니다. 서로의 재주로 부족한 재주를 채워 주고 보태 조직의 이익을 극대화하는 데 온힘을 쏟아야 한다. 그러자면 서로의 재주를 서로가 인정하고 존중해야 한다. 내 재주를 남한테 인정을 받고 존중을 받고 싶다면 내가 먼저 그 사람의 재주를 인정하고 존중하면 된다.

모여야
숲이 된다

獨木不成林

홀로 독　나무 목　아니 불　이룰 성　수풀 림

숲은 나무가 모여서 이루어진 곳이다. 숲을 벗어나 외따로 서 있는 나무는 그 나름으로 운치가 있고 볼 만하지만, 왠지 쓸쓸하고 멋쩍다. 심지어는 존재감마저 들지 않는다. 하다못해 덤불 속에라도 서 있으면 그나마 낫다. 나무도 숲속에 있어야 나무로서의 존재감을 또렷이 드러내고 대접 받는다.

　나무는 서로를 위해 숲을 이루며 살아간다. 제 한 몸이롭자고 숲을 이루지는 않는다. 외돌토리 나무는 온전히 제 혼자 비바람을 견뎌야 한다. 비와 햇빛과 공기를 독차지할 수는 있지만 이웃 나무가 있어서 누릴 수 있는 모든 것들을 맛보지 못한다. 숲을 이루며 살아가는 나무들은 때로 이웃 나무 때문에 손해를 보고 언짢은 일도 당하지만, 서로가 거센 비바람을 튼튼히 막아 주고 서로가 모자란 부분을 채워 준다.

예컨대 어떤 나무는 햇빛을 아주 좋아하지만 어떤 나무는 햇빛을 그리 좋아하지 않는다. 또 어떤 나무는 물을 많이 필요로 않지만 어떤 나무는 물을 그리 필요로 하지 않는다. 그 때문에 숲은 여러 종류의 나무들로 이루어져 있다. 키가 큰 나무, 키가 작은 나무, 잎이 넓은 나무, 잎이 뾰족하고 좁은 나무 등등.

키 큰 나무가 키 작은 나무를 따돌리지 않고, 떨기나무가 큰키나무를 내치지 않는다. 의지가지없이 홀로 뿌리박고 살아가는 것보다는 그래도 숲을 이루며 살아가는 것이 훨씬 낫기 때문이다.

獨독 ———————— 犭(犬)견 + 蜀촉

蜀촉은 발음 기호 역할을 한다. 犭(犬)견은 '개'다. 개는 둘이 모이면 으르렁거리며 싸우고(狀개 싸울 은), 셋이 모이면 이리저리 내달린다(猋개 달릴 표). 개는 공격적인 성향이 있고(狂미칠 광, 猛사나울 맹, 猥함부로할 외), 혼자 있기를 좋아한다(獨홀로 독).

成성 ———————— 戊무 + 丁정

戊무는 '창'이다. 丁정은 '못, 장정'이다.

　成성은 '창을 든 장정'이다. 무엇이든 이룰 수 있는 기개와 힘이 있음을 나타낸다.

林림 ———————— 木목 + 木목

나무가 여럿 모인 '수풀, 숲'이다.

나무가 더 많이 모이면 森나무 빽빽할 삼이 된다.

獨柯不成樹, 獨樹不成林.
독가불성수   독가불성림

—『樂府詩集·紫騮馬歌』

줄기 하나로는 나무가 되지 못하고, 나무 하나로는

숲이 되지 못하네.   —『악부시집·자류마가』

獨독은 '혼자, 하나'다. 柯가는 '자루, 가지, 줄기'다. 不불
은 '아니다', 成성은 '이루다', 樹수는 '나무'다.

나무 세상도 이러할진대 사람 사는 세상이야 오죽
하랴.

조화롭고 사람 냄새 물씬 풍기는 세상을 위해 시퍼
런 서슬을 좀 누그러뜨리고 용빼는 재주를 좀 감추듯

106

이 드러내는 슬기를 발휘할 터이다. 나무를 닮아서 서로가 서로를 이해하고 인정하고 존중하며 살아가자. 나무는 모이면 모일수록 울울창창하고 아름다운 숲을 이루지 않는가! 그러나 개는 모이면 으르렁거리며 서로를 못 잡아먹어 안달이다. 그러다가 끝끝내는 뿔뿔이 흩어지고 만다. 왜! 개들은 대개 서로를 인정하고 이해하려 들지 않기 때문이다.

木목 하나와 木목 하나가 모여서 숲(林수풀 림)을 이루고, 木목과 木목과 木목이 모여서 더 큰 숲(森나무 빽빽할 삼)을 이룬다.

하지만 犬견 한 마리와 犬견 한 마리가 모이면 서로 물어뜯고 싸우며(狀개 싸울 은), 犬견과 犬견과 犬견이 모이면 미친 듯이 제 갈 길로 내달린다(猋개 달릴 표).

지나간 일은 아쉬울수록
더더욱 들추지 않는다

成事不說

이룰 성   일 사   아닐 불   말씀 설

때는 중국 춘추시대 끝머리쯤이다. 하루는 노나라 임금 애공哀公이 공자 제자인 재아宰我에게 물었다.

"토지신 신주는 무슨 나무로 만들었습니까?"

그러자 재아는 이렇게 대답하였다.

"하나라 때는 소나무를 썼고, 은나라 때는 측백나무를 썼고, 주나라 때는 밤나무를 썼습니다. 이러한 나무를 쓴 까닭은 백성들로 하여금 전전긍긍하게 하기 위함입니다."

이 말을 들은 공자는 재아를 불러다가 크게 나무랐다. 그러고는 이렇게 말했다.

"이미 지나간 일을 다시 재론하면 서로가 거북하고, 이미 끝난 일을 다시 끄집어내도 서로가 거북하고, 이미 엎지른 물을 다시 따져도 서로가 거북할 따름이다."

토지신 신주는 그 지역에서 쉽게 구할 수 있는 나무로 만들어 썼는데, 알음이 어설픈 재아는 백성들을 벌벌 떨게 하고자 그런 나무를 썼다는 둥 엉뚱한 소리를 애공에게 해 주었기 때문이다.

듣기 좋은 이야기도 늘 들으면 싫다. 하물며 이미 지나간 일을 잊을 만하면 다시 들먹이고, 또 잊을 만하면 다시 들추어 입에 올린다면 뉜들 좋아하겠는가. 이미 끝난 일을 걸핏하면 끄집어내고 툭하면 들추어낸다면 그야말로 짜증나고 속 터질 노릇이다. 지나간 일은 흐르는 세월에 함께 묻어 흘려보내야 한다. 제 과거사 들먹이는 걸 좋아하는 사람 별로 없고, 제 부끄러운 일 들추어내는 걸 반기는 사람도 별로 없다. 지난 일은 지난 일이다. 끝난 일도 끝난 일이다. 자꾸 들먹이고 재론해서 도움이 된다면 모를까 그렇지 않은 바에야 잊는 게 좋다. 이미 지난 일을 재론하고 이미 끝난 일을 왈가왈부해 보았자 서로 기분만 나쁘고 감정만 상할 뿐이다.

【　한자를 읽어보자　】

成 성 ──────── 戌 무 + 丁 정

戌무는 '창'이고, 丁정은 여기에서 발음 기호 역할을 한다.

　成성은 무기를 들고 어떤 일을 '이루다, 끝나다'다.

事 사 ─── 손에 붓을 들고 있는 모습

붓을 잡는다는 것은 '기록'하는 것이고, 기록은 '역사 기록'이다. 史역사 사, 吏벼슬아치 리 등이 事사와 같은 어원을 갖는다.

　事사는 본래 사관이 역사를 기록하는 것을 뜻했으나 점차 '일'과 관련한 뜻으로 더 많이 쓰이게 되었다.

說설 ──────── 言언 + 兌열

言언은 입에서 뭔가가 나오는 모양이다. 그 뭔가는 침이나 음식이 아니고 '말'이다. 兌열은 입을 벌리고 앉아 있는 사람(兄)과 그 입에서 퍼져 나오는(八) 뭔가를 함께 표현한 것이다. 그 뭔가는 '웃음'이다. 兌열은 '기쁘다'다. '열'로도 읽고, '태'로도 읽는다. 여기에서는 발음기호 역할도 한다.

說설은 '말하다'다. 言언은 그냥 입에서 나오는 '말'이고, 說설은 말하는 사람과 듣는 사람을 전제한 '말, 이야기'다.

【　옛 글을 읽어보자　】

成事不說, 遂事不諫, 旣往不咎.
성사불설　　수사불간　　기왕불구

— 『論語·八佾』

─────────────

끝난 일은 다시 말하지 않고, 다 된 일은 간하지 않

고, 이미 지난 일은 허물하지 않는다. —『논어·팔일』

成성은 '이루다, 끝나다', 事사는 '일'이다. 不說불설은 '말하지 않는다, 재론하지 않는다'다. 遂수는 '이루다, 다 되다'다.

不諫불간은 '간하지 않는다, 충고하지 않는다'다. 既기는 '이미', 往왕은 '가다'다. 既往기왕은 '이미 지나간 일'이다. 不咎불구는 '허물하지 않는다'다.

엎지른 물을 이제 와서 따진들 무슨 소용이 있겠는가! 따져 본들 바로잡힐 리도 없고 돌이킬 수도 없다. 그렇다고 그냥 덮어두자는 말은 결코 아니다. 따지지도 않고 그냥 별일 없다는 듯이 넘어가자는 말은 절대로 아니다. 공자처럼 제때에 따질 일은 따지고, 나무랄 일은 나무라고 꾸짖어야 한다. 그래야 뒷말이 안 나오고 뒤탈이 안 생긴다. 공자도 이 점을 경계하여 이런 가르침을 남겼을 것이다.

배려는 나와 남을
동시에 위한 것이다

立不中門

설 립   아니 부   가운데 중   문 문

중국 쪽 사전에서 '배려'를 찾아보았다. 보이지 않았다.
일본 쪽 사전을 찾아보았다. '配慮배려'라는 말이 눈에
띄었다. 우리나라 국어사전을 들추어 보았다. 풀이해
놓은 글은 남만 이롭게 해 주는 것 같은 뉘앙스가 강했
다. 배려란 바로 남 좋은 일을 하는 거라는 뜻이다. 남
을 생각해 주고 마음을 써 주는 것이 배려라는 말이다.
좋은 말이다. 남을 생각해서 말을 삼가고, 남을 생각해
서 행동을 조심한다. 이리하면 더불어 사는 사회가 한

결 밝아질 것이다.

배려에 남 좋은 일만 한다는 뉘앙스가 강해서인지는 모르겠으나, 다 알다시피 요즘 우리는 배려 없는 사회에서 살고 있다. 한 마디로 너무 팍팍하다. 온전히 나와 우리만을 생각하며 말하고 행동한다. 나와 우리라는 울타리 밖은 아예 생각도 않고 신경도 안 쓴다. 시쳇말로 나만 아니면 된다. 내가 내 밥그릇 챙기지 않으면 그 누구 하나 선뜻 나서서 챙겨주지 않는다. 밀리면 죽는다. 최소한의 사회적 약속은 내팽개쳐진지 오래다.

우리는 배려라는 말 속에서 자리이타自利利他**라는 큰 가르침을 발견하고 오롯이 음미해야 한다. 예컨대 우리네 어르신들은 일찍이 사람이 드나드는 문 가운데에 서 있지 말고, 사람이 오가는 방 한가운데에 앉아 있지 말라고 가르쳤다. 더 나아가서는 문턱을 밟지도 말고 걸터앉지도 말라고 타일렀다. 그런데 그냥 덮어놓고 하지 말라고만 했다. 하지 말아야 할 '이유'는 말해주지도 않은 채 말이다. 그나마 이런 가르침을 받고 자

** 자리이타: '자신이 먼저 깨달음을 성취한 연후에 남을 구제한다'라는 의미로, 직역을 하면 '자신의 이로움이 곧 남의 이로움이다'가 된다.

란, 본데 있고 예의 바른 사람들은 결코 드나드는 문 앞에 서 있지 않는다. 본데없는 사람이야 시내버스 내리는 문 앞에 서 있고, 지하철 내리는 문 앞에 서 있지만 말이다. 이러면 당연히 거치적거리기 마련이다. 부딪친 사람도 기분 나쁘고 발길이 막힌 사람도 기분이 언짢아진다. 감정이 상하면 목소리가 높아지고, 언쟁이 벌어지다 주먹이 오갈 수도 있다. 그러므로 버릇이 바른 사람은 부모님 가르침을 착실히 좇아 애당초 내리는 문 앞에, 문 가운데에 서 있지 않는다. 배려에서 나온 행동은 나를 위한 거고 동시에 남을 위한 거다.

【　　한자를 읽어보자　　】

立 립 ——————— 大 대 + 一 (가로선)

大대는 사람이 팔을 벌리고 서 있는 모습이다.

一은 '하나 일'이 아니고 그냥 가로선이다. 여기서는 '땅바닥'을 가리킨다. 本본에서 一은 뿌리 부분을 가리키고, 末미에서 一은 가지 끝 부분을 가리킨다.

　立립은 사람이 바닥에 서 있는 모습니다. '서다, 서
있다'다.

中중 ──────────── '가운데, 복판'

어떤 것의 한 가운데를 표시했다.

門문 ──────────── 드나드는 '문' 모양

【　옛 글을 읽어보자　】

立不中門, 行不履閾.　　—『論語 · 鄉黨』
입부중문　　행불리역

────────────────────

서 있을 때는 문 가운데 있지 않고, 다닐 때는 문지
방을 밟지 않는다.　　　　　—『논어 · 향당』

立립은 '서다', 不불은 '아니다'다. 뒤에 오는 첫소리가 'ㅈ'이므로 여기서는 '부'로 읽는다. 中중은 '가운데 있다', 門문은 '문'이다. 行행은 '다니다'다. 履리는 '신, 밟다', 閾역은 '문지방'이다.

仁
어질 인

仁인은 공자를 대표로 하는 유가 학설의 핵심이다. 일
반적으로 '사랑'이라고 해석한다. '사랑'하면 요즘 사람
도 그렇지만 옛날 사람들도 남자와 여자 사이에서 생
기는 '사랑'을 맨 먼저 떠올릴 것이다. 남자와 남자끼
리, 여자와 여자끼리 사랑을 할 수도 있지만 남자가 여
자를, 여자가 남자를 사랑할 때처럼 울림도 없고 뭉클
함도 없다. 공교롭게도 仁인을 힘써 주장하고 으뜸가는
도덕 표준으로 삼았던 공자 자字가 仲尼중니다. 仲중은

형제 가운데 둘째를 이르는 말로 별 볼 일 없지만 尼니는 눈길을 끈다.

尼니에서 윗부분 尸시는 사람 가운데 남자를 뜻한다. 아랫부분 匕비는 여자다. 옛 글자에 牝암컷 빈처럼 동물 암컷에 匕비를 쓴 것이 있다. 이렇게 보면 尼니는 사랑하는 남녀가 오붓한 시간을 보내고 있는 모습처럼 보인다. 남자가 다정하게 뒤에서 여자를 끌어안은 모습이 떠오르지 않는가? 사랑은 한결같이 관심을 가져주는 것이고, 변함없이 아껴주고 소중히 여기며, 자기 자신같이 이해해 주고 생각해 주는 것이다. 아무래도 정이 들고 사랑이 싹트고 깊어지자면 시간이 필요하다. 그래서 尼니에 日일을 합하여 昵친할 닐을 만들기도 했다.

尼니는 바로 㠍이고 仁인이다. 그리고 仁인은 '사랑'이다. 공자는 '사랑'을 주장하고 실천하기 위해 스스로 仁인과 같은 뜻을 가진 尼니를 두 번째 이름으로 삼았다. 치고받고 싸우지들 말고, 시기하고 질투하지 말고, 사람과 사람이-남자와 여자가 서로 사랑하듯이-서로 사랑하고 아끼며 친하게 지내자! 이게 바로 공자가 내세

운 仁인의 참뜻이다. 그러고 보니 석가모니도 자비를
주장하고 실천하였으며, 예수도 사랑을 주장하고 실천
하였다. 말만 다를 뿐 다들 '사랑'을 부르짖고 힘써 행
하였다.

【　한자를 읽어보자　】

仁인 ——————— 亻인 + 二

亻인은 '사람'이다. 二이는 숫자 2로 볼 수도 있지만 중
복을 표시하는 부호 'ニ'로 보아야 한다. 겹글자다.

　仁인은 '사람이 둘 겹친 모양'이다. '사랑'이다. 人인
을 겹쳐서 만든 글자에 从종, 尸, 尺, 巴 등이 있지만 이
미 다른 뜻으로 사용하고 있었기 때문에 仁인을 새로
만든 것이다.

仁者愛人, 有禮者敬人. 愛人者,
　　인자애인　　　유례자경인　　　애인자

人恒愛之, 敬人者, 人恒敬之.
　　인항애지　　　경인자　　　인항경지

—『孟子·離婁』

仁인한 사람은 다른 사람을 사랑하고, 禮예가 있는
사람은 다른 사람을 공경한다. 다른 사람을 사랑하
는 사람은 다른 사람도 항상 그를 사랑하고, 다른 사
람을 공경하는 사람은 다른 사람도 항상 그를 공경
한다.　　　　　　　　　　　　　　　—『맹자·이루』

仁者인자는 '仁인한 사람'이다. 愛애는 '사랑하다', 人인은
'남, 다른 사람'이다. 有禮者유례자는 '禮예를 가진 사람'
이다. 敬경은 '공경하다'다. 恒항은 '항상, 언제나'다.

스물두 번째
저녁

베푸는 데 계산이 들어가면
거래가 된다

禮尚往來

예절 예　높일 상　갈 왕　올 래

숫사람은 남에게 은혜를 베풀 때 그것을 은혜를 베푼다고 생각하지 않는다. 어머니가 젖먹이에게 젖을 물리면서 그것을 아이에게 은혜를 베풀고 있다고 생각지 않듯이 말이다.

숫된 사람은 남에게 은혜를 베풀면서 보답이나 보은을 애당초 바라지 않는다. 덜된 사람이라야 남에게 은혜를 베풀면서 보답을 은근히 바란다.

오늘날은 아예 대놓고 남에게 은혜를 베풀고 선행

이라며 함부로 저지르는 사람이 적잖다. 은혜랍시고 베풀어 놓고는 그새를 못 참고 스스로가 떠벌리고 다닌다. 남들이 행여나 내가 베푼 은혜와 선행을 알아주지 않으면 어쩌나 싶어서다.

몇몇 사회는 아예 오른손으로 선행을 하고 나서 왼손으로 그 선행에 대한 열매를 당장에 맛보려고 덤빈다. 옛날에도 그러했던지 된 사람들은 틈나는 대로 이런 덜된 사회를 향해 목탁을 쳐댔다.

오늘도 허울 좋은 선행이랍시고 저질러 놓고는 실속 있는 이름만 도둑질하려는 이들로 넘쳐난다. 남에게 은혜를 베풀었으니 얼른 이에 걸맞은, 아니 이보다 더 큰 복이 손안에 떨어지기를 탐하는 이들이 숱하다. 솔직히 선행을 하고 사회봉사를 하는 자체는 남을 위한 것이 아니라 자기 자신, 자기만족을 위한 측면이 많다.

선행과 사회봉사를 하면 마음이 살찌고 정신이 건강해지는 덤을 거저 얻어 누릴 수 있다. 그럼에도 대개 사람들은 남을 위해 선행하고 사회봉사를 하는 걸로 착각하고 있다. 남에게 선행을 베풀면서 좋은 기분을

만끽하고 마음이 행복해졌음 그만이지 거기다 뭘 더
바라는가.

【　　한자를 읽어보자　　】

禮예 ─────── 示시 + 豊(豐)례

示시는 제사를 지내기 위해 쌓은 제단이다. 제사는 신
의 뜻을 사람들에게 보여주는 행위이기 때문에 '보이
다, 나타내다'라는 뜻이 생겼다. 示시가 쓰인 한자는 주
로 '제사'와 관련이 있다. 祭제사 제, 神귀신 신, 社토지신 사
등이 그렇다.

豊(豐)례는 그릇(됴두) 위에 음식을 담아 올린 모양으로
풀어 '풍'으로 읽기도 하고, 제사에 사용하는 굽이 높은
그릇 모양으로 풀어 '례'로 읽기도 한다.

禮례는 귀한 제물을 마련해 신에게 제사를 드리는
것이다.

'예도'라는 말이 여기에서 나왔다. 예는 사회생활 속

풍속과 습관으로 말미암아 형성된 행위 준칙·도덕규범과 각종 예절을 이르는 말이다.

尚상 ——————— 八(刂도)+ 向향

八도는 칼로 물건을 두 쪽으로 쪼개는 것을 나타냈다. '나누다, 갈라지다'다. 向향은 방에 창문을 낸 방향이다.

尚상은 창문으로 날아가는 연기를 나타냈다. 본뜻은 '위, 올라가다'다. 上상과 통용했다. 여기서는 '중요하게 여기다'라는 뜻으로 새긴다.

往왕 —— 彳척 + 丶(止)지 + 王왕

彳척은 나중에 붙었다. '길, 가다'다. 丶(止)지는 '발, 가다'다. 王왕은 발음기호 역할을 한다. 뜻과는 전혀 관련이 없다.

往왕은 본래 止지와 王왕을 합쳐 '가다'라는 뜻과 '왕'이라는 음을 표시했는데 나중에 모양이 主주로 변했고 뜻을 분명히 하기 위해 彳척을 덧붙였다.

來 래 ——————— '보리' 모양

본래는 '보리'를 뜻했으나 나중에 '오다'라는 뜻으로 가
차 되었고, 본래 뜻을 위해서는 夊뒤져올 치를 덧붙여 麥
맥을 만들었다. 麥酒맥주는 보리로 만든 술이다.

【　옛 글을 읽어보자　】

禮尚往來, 往而不來, 非禮也,
예상왕래　　왕이불래　　비례야

來而不往, 亦非禮也. —『禮記·曲禮上』
내이불왕　　역비례야

예는 오고감을 높이 여긴다. 갔는데 오지 않으면 예
가 아니고, 왔는데 가지 않으면 이 또한 예가 아니
다.　　　　　　　　　　　　　—『예기·곡례상』

禮례는 '예도'다. 尙상은 '높임'이다. 往왕은 '가다', 來래

는 '오다'다. 往而不來왕이불래는 '갔는데 오지 않음'이다. 非비는 '아니다', 非禮비례는 '예가 아니다'다. 亦역은 '또한, 역시'다.

대개 사람은 시은施恩하면 으레 보은報恩을 바라기에 옛사람은 아예 대갚음할 힘이 없으면 남에게 은혜를 입지도 말고 베풀지도 말라고 하였다. 은혜나 도움을 받기만 하는 것도 예에 맞지 않고, 일방적으로 베풀기만 하는 것도 예에 어긋난다고 보았다.

모든 일에 잎장서려고 하기보다는,
가끔은 뒤를 따르는 지혜도 필요하다

從橫

從을 종   가로 횡

從_종에서 두 사람(𠈇)은 길바닥에 우두커니 서 있는 사람들이 아니다. 어느 곳을 향해 걸어가거나 걸어오는 사람이다. 만일 길에 가만히 서 있는 사람이었다면 大대를 겹쳐 쓴 夶를 썼을 것이다. 亻인은 사람 옆모습이고, 大대는 사람 앞모습이다. 왜 사람을 뜻하는 글자로 大대를 고르지 않고 人을 골랐는지는, 횡단보도 적색과 녹색 신호등에 박혀 있는 사람 그림을 보면 금방 감이 올 것이다. 서 있는 사람은 大대 모양이고, 움직이는 사람은 人인 모양이지 않은가? 앞모습보다는 옆모습에 아무래도 움직이는 느낌이 더 많다. 아무튼 從종은 두 사람이 앞서거니 뒤서거니 하며 걸어가는 모습이다. 옛사람은 이 글자꼴을 앞사람이 뒷사람을 따라가는 모습으로 보았다.

앞뒤로 나란히 서서 걷는 모습은 참으로 질서가 있어 보인다. 그러고 보니 옛사람들은 여럿이서 길을 걸을 때면 꼭 앞뒤로 서서 걸었는가 보다. 하기야 오늘날처럼 인도와 차도가 구분되어 있지 않았을 텐데 수레며 말들이 한길을 내달리는 길에서 요즘처럼 둘이면 둘, 셋이면 셋이서 옆으로 나란히 벌리고 걸을 수는 없었을 터이다. 수레에 치여 다치거나 말굽에 차여 죽기 십상이기 때문이다. 그러니 길을 걸을 때면 둘이든 셋이든 앞뒤로 나란히 서서 걸었을 것이다.

'가로'는 '막다'와 친하다. '가로막다'라는 말은 있어도 '세로막다'라는 말은 쓰지 않는다. '세로'는 '따르는 것, 순종하는 것'과 관련이 있고 '가로'는 '저항하는 것, 방해하는 것'과 관련이 있다. '세로'를 뜻하는 縱세로 종에 '따르다'를 뜻하는 從종이 들어 있는 것은 이상한 일이 아니다. 반대로 '가로'를 뜻하는 橫횡이 橫暴횡포, 橫領횡령, 橫說竪說횡설수설, 橫厄횡액같은 단어에 쓰이는 것도 이상한 일이 아니다.

다들 이런 경험들은 한두 번씩 겪었을 것이다. 마주 오는 사람들이 옆으로 쫙 벌리고 걸어올 때 그 당혹감 말이다. 그렇다고 알아서 미리 비켜 주거나 한쪽을 터 주거나 하지 않는다. 그럴 때면 참 난감하다. 찻길로 내려갈 수도 없고, 그렇다고 길가 턱으로 올라설 수도 없다. 횡으로 쫙 벌리고 다니는 사람들에게 가로막히고, 몰염치한 차들에 가로막히고. 하! 울화통 터진다.

이런 일은 모두 서로 앞장서려고만 하는 이기심에서 비롯한다. 운종룡雲從龍: 구름이 용을 따름하고 풍종호風從虎: 바람이 호랑이를 따름하듯이, 병아리가 어미닭 뒤를 졸졸 따르듯이 그렇게 앞서거니 뒤서거니 하며 보기 좋게 걸으면 좋지 않겠는가.

【 한자를 읽어보자 】

從종 ── 彳척 + 从종 + 止(止)지

彳척은 '길, 가다', 从종은 '두 사람', 止지는 '발'이다.

從종은 뒷사람이 앞 사람을 따라 가는 모양이다. '좇다, 따르다'다.

橫횡 ─────── 木목 + 黃황

木목은 '나무'다. 나무는 참으로 다양한 쓰임새가 있다. 여기에서는 문을 가로지르는 '가로막대'로 쓰였다. 黃황은 '허리에 옥으로 만든 띠를 찬 사람, 옥을 꿴 실, 장식한 화살'이라는 여러 가지 설명이 있다. 앞 두 설명은 누런 옥에 초점이 있고, 마지막 것은 누런 장식에 초점이 있다. 黃황은 '누렇다'다. 여기에서는 발음 기호 역할을 한다.

橫횡은 '횡'이라고 발음되는 '가로막대'를 표현하기 위해 木목과 黃황을 사용했다. '가로'라는 뜻이고, '제멋

131

대로 하다'라는 뜻으로도 쓰인다.

人不率則不從, 身不先則不信.

인불솔즉불종　　　　신불선즉불신

— 『續資治通鑑』

사람은 이끌지 않으면 따르지 않고, 몸소 먼저 하지
않으면 믿지 않는다.　　　— 『속자치통감』

人인은 '사람들, 남들'이다. 率솔은 '이끌다'다. 身신은
'몸'이다. '率솔하는 자'를 가리킨다. 先선은 '먼저'다. 率
솔과 함께 쓰면 率先솔선이 된다. 솔선은 '앞장서서 먼저
하는 것'이다.

　信신은 '믿다'다. 남人을 믿고信 따르게從 하려면 자신
身이 솔선率先해야 함을 말한 것이다.

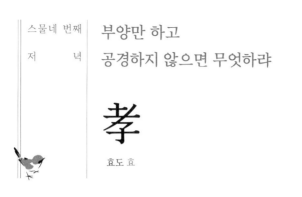

스물네 번째
저   녁

부양만 하고
공경하지 않으면 무엇하랴

孝

효도 효

옛날에는 마음과 힘을 다해 섬기고 어버이 뜻에 절대 복종하는 걸 孝효로 여겼다. 그러나 이러한 孝효는 까마귀 같은 짐승도 할 줄 안다. 예컨대 『심청전』에 이런 말이 나온다.

"미물 짐승 까마귀도 공림空林 저문 날에 반포할 줄 아니 하물며 사람이야 미물만 못하오리까."

부모에게 생활필수품만 대주고 살아가게 하는 것은 사람다운 孝효가 아니다. 맛난 음식 때때로 해서 드리고 고운 옷을 철마다 사서 드렸다고 부모를 잘 섬긴다고 말할 수는 없다. 집에서 기르는 개나 고양이에게도 이 정도는 한다. 개나 고양이에게 하는 것이 부모에게 하는 것보다 더하면 더했지덜하지는 않는다. 온갖 사랑과 관심을 기울이며 매 끼니를 꼬박꼬박 정성껏 챙겨주며 먹여 기른다. 때때로 심심하지 않도록 같이 놀아주기도 한다.

마음 없는 염불처럼 노부모를 먹여 살리는 부양 행위는 집에서 집짐승을 먹여 기르는 사육 행위와 하등 다를 게 없다. 이는 까마귀도 할 줄 안다. 까마귀 새끼는 자라서 자기를 보살피고 키워준 늙은 어미에게 먹이를 물어다 준다. 옛사람은 이렇게 여겼기에 까마귀를 효조孝鳥: 효심이 지극한 새, 반포조反哺鳥라고도 불렀다. 하기야 예나 지금이나 까마귀만도 못한 사람이 어디 한둘이었겠는가? 오죽하면 까마귀를 보고 孝효를 배우라고 했겠는가.

孝효 ——————— 耂(老)로 + 子자

耂(老)로는 노인이다. 지팡이를 든 노인 모습을 본뜬
글자다. 아래 ヒ비를 떼어내고 부수로 많이 사용되는데
주로 노인과 관련한 뜻이 있다. 耆늙은이 기, 耄늙은이 모,
耋늙은이 질 등이 그렇다. 子자는 '아들딸, 자식'이다. 강
보에 싸인 아기를 본뜬 글자다.

　孝효는 자식이 노부모를 업고 있는 형상이다. 자식
이 노부모와 조부모를 정성껏 잘 섬기는 것을 말한다.

子游問孝. 子曰 今之孝者,
　자유문효　　　자왈　　금지효자

是謂能養. 至於犬馬, 皆能有養.
　시위능양　　　지어견마　　개능유양

不敬, 何以別乎? — 『論語·爲政』
불경 하이별호

자유가 효에 대해 물으니 공자께서 말씀하셨다. "요
즘에는 잘 부양하는 것을 효라고 하는가 보다마는
개나 말에게도 이 정도는 하지 않는가? 공경하는 마
음이 없다면 개나 말에게 하는 것과 무엇이 다르겠
는가?"
— 『논어·위정』

子游자유는 공자의 제자 이름이다. 問문은 '묻다'다. 子자
는 여러 子자들의 대표 격인 孔子공자를 이른다. 曰왈은
'말하다'다. 今금은 '지금, 요즘'이다. 今之孝者금지효자는
'요즘 효라는 것은~'이다. 是시는 '이, 이것'이다. 謂위는
'~라고 이르다'다.

　能능은 '할 수 있다, 잘 하다'다. 養양은 '기르다, 먹이
다, 부양하다'다. 是謂能養시위능양은 앞의 말을 받아서
'이는 잘 봉양하는 것을 이른다'로 푼다. 至지는 '~에 이
르다'다. 於어는 '~에'다. 犬馬견마는 '개와 말'이다. 至於
犬馬지어견마는 '개나 말에 이르러서도'다. 皆개는 '모두'

다. 敬경은 '공경함'이다.

何하는 '무엇'이다. 別별은 '다르다'다. 乎호는 의문이나 반어의 의미를 부가해준다. 何以別乎하이별호는 '무엇이 다르겠는가?'다.

孝효는 나를 낳고 기르고 가르치고 온전한 한 사람으로서 살아갈 수 있도록 해준 참으로 고마운 존재에 대한 최소한의 존경심 표현이다. 진자리 마른자리 갈아 누이고 불면 꺼질까 쥐면 터질까 노심초사 애지중지 키워주신 그분들에 대한 보잘 것 없는 보답이다.

孝효에는 딱히 정답이 없다. 저마다 제 나름으로 온 마음과 온 힘을 다하여 부모 마음을 기쁘고 즐겁게 해 드리는 것이다. 부모 뜻을 붙좇아 받드는 것이야말로 참 孝효다. 부모가 바라는 바를 해드리는 것이야말로 아름다운 孝효다. 진일보하여 부모 잘못을 눈물로써 간언하여 불의를 범하지 않도록 하는 행위도 孝효고, 시집가고 장가가서 아들딸 낳고 도란도란 행복하게 사는 모습을 보여 드리는 것 또한 孝효다.

어머니와 아내는
안식처다

편안할 안 정할 정

예나 지금이나 가족의 생계는 보통 남자들 책임이다.
옛적에는 사냥감을 쫓아 이 산 저 골로 돌아다니느라
집에 붙어 있을 시간이 적었을 터이다. 오늘날에는 들
짐승 사냥감 대신 돈이라는 사냥감을 벌기 위해 이리
저리 돌아다니느라 집에 엉덩이를 붙이고 있을 시간이
없다. 그래서 여자가 집에 있는 모양을 대상으로 삼아
서 안정하다는 뜻을 가진 '安안'이라는 글자를 만들었
다. 아무래도 집에 여자가 있어야 따뜻한 기운이 돌고

푸근한 느낌이 넘쳐흐른다.

노총각 혼자 사는 집이나 홀아비 혼자서 살림을 꾸려가는 집에 들어서면 왠지 허전하고 썰렁한 기운이 감돈다. 궁상맞을뿐더러 불안정해 보인다. 정 주고 마음 주고 사랑까지 주며 한 세상을 죽을 때까지 함께할 여자를 결혼이란 올가미를 씌워 집안에 들어 앉혀 놔야 한다. 그래야 생활이 안정될뿐더러 마음도 안정을 찾을 것이다.

安안에서 女여는 딸도 아니고 미혼 여성도 아닌, 시집으로 들어와 지아비와 함께 사는 여자이다. 바꿔 말하면 아내이고 안사람이다.

【　　한자를 읽어보자　　】

安안 ─────── 宀면 + 女여

安안은 집안宀에 여자가 들어앉아 있는 모양을 표현했다. '편안하다'다.

定정 ——————— 宀면 + 疋(正)정

定정은 먼 길을 떠났다가 지친 몸을 이끌고 그리운 가족이 있는 집으로 돌아오는 발길을 나타낸 한자다. '정하다'다.

【 옛 글을 읽어보자 】

天下大亂, 無有安國.
천하대란　　　무유안국

一國盡亂, 無有安家.
일국진란　　　무유안가

一家皆亂, 無有安身. —『呂氏春秋·論大』
일가개란　　　무유안신

천하가 크게 어지러우면 편안한 나라는 없다. 한 나라가 다 어지러우면 편안한 집이 없다. 한 집안이 모두 어지러우면 편안한 몸은 없다.

—『여씨춘추·유대』

天下천하는 '온 세상'이다. 亂란은 '어지럽다, 혼란하다'
다.

無무는 '없다', 有유는 '있다'다. 無有무유는 '있는 것이
없다'다. 즉, '없다'는 말이다. 安안은 '편안하다'다. 國국
은 '나라'다. 盡진은 '다하다'다. 家가는 '집, 집안'이다.
皆개는 '모두'다. 身신은 '몸, 사람'이다.

옛글에서 편안함과 혼란함이 '天下천하 → 國국 → 家
가 → 身신'으로 연결되는 것을 볼 수 있다.

힘든 하루 일을 마치고 집으로 향하는 발걸음을 기
분 좋게 하는 것은 나를 기다리고 있을 가족이다. 다정
한 아내가 기다리고 있을 테고, 따사로운 어머니가 기
다리고 있을 터이다. 먼 길을 돌아온 노독은 다정한 아
내의 반가운 목소리에 눈 녹듯 풀리고 마음은 한없이
편안하고 포근한 고요 속으로 침잠할 것이다. 학교 공
부를 마치고 집에 돌아왔을 때 따사로운 어머니가 맞
이해 주면 그 얼마나 좋던가. 그렇다! 내가 편히 쉴 곳
은 오직 내 집 뿐이다. 내 사랑이 기다리고 있는, 어머
니가 한결같은 모습으로 나를 기다리고 있는 내 집 말

이다.

이렇듯 安定안정을 얻자면 집에 아내가 있어야 하고, 어머니가 있어야 한다. 그러나 우리는 어머니와 아내의 존재감을 잊고 지내기 일쑤다. 만일 지금 당신이 편안하다면 그것은 당신 옆에 어머니와 아내가 있기 때문이다. 반대로 지금 당신이 왠지 편치 않고 불안하다면 당신 옆에 어머니와 아내가 없거나 혹은 있더라도 이 두사람에 대한 존경과 사랑이 부족하기 때문이다.

화를 내는 것만큼
화를 옮기는 것도 경계하라

不遷怒

아니 불   옮길 천   성낼 노

사람 사는 세상은 탈도 많고 말도 많다. 뜻 맞고 마음
통하는 사람끼리 모여 살더라도 궂은 날도 있을 테고
좋은 날도 있을 터이다. 궂은일 터지면 짜증나는 것은
당연하고, 짜증나면 화가 나는 것 또한 두말하면 잔소
리다. 하물며 장삼이사 필부필부가 북적대며 살아가는
사람 세상이야 오죽하겠는가. 별의별 사람이 다 있을
테고 별의별 일이 다 생길 터이다. 개중에는 짜증으로
끝날 일도 있을 테고 낯 한 번 붉히고 끝날 일도 있을

테지만 심하면 육두문자를 내뱉으며 화를 내야 직성이
풀리기도 한다.

　기본이 없는 사회일수록 짜증날 일도 많고 화낼 일
도 많다. 배려는 진정 자기 자신을 위한 극히 이기적인
행위임에도 오늘날 사회는 배려를 남을 위한 이타적
행위로 가르치고 있으니 외려 배려 없는 사회가 돼 간
다. 그러다 보니 서로 간에 기분 나쁜 신체 접촉이 늘고
가시 돋친 말들이 오간다. 사람은 감정을 가졌다. 감정
없는 목석이 아니다. 불필요한 신체 접촉으로 감정이
한바탕 요동치고, 귀에 거슬리는 말 한 마디에 감정은
끝내 폭발한다.

　배려뿐만 아니라 모든 사회적 약속은 나 편하자고
지키는 것이다. 남 이롭게 하자고 지키는 게 결코 아니
다. 그럼에도 불구하고 오늘날 우리 사회는 배려는 고
사하고 극히 기본적인 사회적 약속마저 따르지 않는다.

　방귀뀐 놈이 성낸다고 사회적 약속을 어긴 사람이
오히려 눈 흘기며 도발하는 말을 흘린다. 이럴 경우에
는 어찌해야 할까? 그냥 참으라고 한다. 참는 게 미덕

이고 참는 자가 이기는 것이다. 사람 길을 차가 들어와 막고 있어도 참으라고 한다. 백안시하며 돌아가라고 한다.

속으로 손가락질하며 불편한 다리 이끌고 에돌아가 라고 한다. 그러나 그럴 수 있는 이가 얼마나 될까?

무턱대고 참는 게 능사가 아니다. 마냥 참기만 하면 화병을 가져오고 건강에도 안 좋다. 그래서 옛사람들 도 화낼 일이 있으면 참지 말고 적절히 화를 내어 분을 삭이라고 가르쳤다. 단, 종로에서 뺨 맞고 행랑 뒤에서 눈 흘기고 한강에 가서 눈 흘기지는 말라고 가르쳤다. 즉, 화를 옮기지 말라고 가르쳤다(불천노不遷怒). 괜히 엉 뚱한 사람에게 화풀이하다 더 큰 일을 만들면 곤란하 다. 적절한 화풀이 방법은 저마다 개발해야 할 처세 같 은 게 되었다.

【　한자를 읽어보자　】

遷 천 ─────── 辶 착 + 䙴 천

辶_착은 '가다'다. 움직임을 나타낸다. 䙴_천은 '오르다, 옮기다'다.

遷_천은 '옮다, 옮기다'다.

怒_노 ─────── 奴_노＋心_심

奴_노는 女_여＋又_우다. 女_여는 '여자', 又_우는 '손'이다. 奴_노는 '여자 종'이다. 여기서는 '일을 시키는 손'이거나 '함부로 건드리는 손' 정도가 되겠다.

怒_노는 '여자 종이 가질 수 있는 마음 상태'로 이해하면 좋다. 즉, '성내다, 화내다'다.

【　옛 글을 읽어보자　】

不遷怒, 不貳過.　　　—『論語 雍也』
불천노　　　불이과

─────────────────────

엉뚱한 사람에게 화를 옮기지 않고, 똑같은 잘못을

두 번 다시 저지르지 않았다.   — 『논어 옹야』

不불은 '아니다', 遷천은 '옮기다', 怒노는 '화, 성'이다. 貳이는 '둘', 過과는 '잘못'이다.

忠충성할 충은 中중 + 心심이다.

즉, 中心중심은 참마음이고 진심이고 줏대다.

그러므로 忠충은 마음과 힘을 다하는 것이고

두 마음을 품지 않는 것이다.

중심이 바로 서 있는 사람이 忠人충인이고,

두 마음을 품지 않는 선비가 忠士충사고,

줏대를 가지고 있는 벗이 忠友충우고,

딴 마음을 먹지 않는 신하가 忠臣충신이다.

이처럼 중심이 바로 선 사람을 알아보는 안목을 기르기

위해서는 자기 마음의 중심부터 흔들리지 말아야 한다.

안목을 밝히는
지혜가 담긴
저녁 한자

사람은 자기를 알아주는 이를 위해 몸을 던진다

知己

알 지　　자기 기

知己지기는 나를 알아주는 사람이다. 知지는 '알다', 己기는 '나'이므로 知己지기는 '나를 알아주다, 나를 인정해주다'라는 말이다.

중국 전국시대 모수毛遂는 자기를 알아주기만을 손꼽아 기다리다 지쳐서 결국 조趙 평원군平原君에게 자천自薦했다. 춘추시대 초楚 사람 변화卞和는 자기의 옥돌을 제대로 알아보는 이가 없어 두 발을 잃었다. 이처럼 자기를 제대로 알아주는 사람을 만나기란 여간 어려운

게 아니다.

김연아와 박태환 같은 준마는 어디에든 있을 수 있지만 이들을 알아보고 큰 재목으로 키울 수 있는 사람은 흔하지 않다. 사람을 알아보는 안목을 갖춘 사람은 참 드물다. 요즘 사회는 知人之明지인지명: 사람의 인품과 재능을 알아보는 안목은 기르지 않고 허구한 날 스펙만을 강조한다.

【 　한자를 읽어보자　 】

知지 ——————— 矢시 + 口구

矢시는 화살이다. 오늘날은 빠른 상태를 비유할 때 총알을 들지만 예전에는 '화살'이 제일 빠른 것이었다. '쏜살같다'라는 형용사를 생각해 보라.

口구는 입이다. 味맛 미, 呑삼킬 탄, 吐토할 토에서는 먹는 입이고, 告알릴 고, 問물을 문, 鳴울 명에서는 말하거나 소리 내는 입이다.

口구는 兄형 형, 命목숨 명, 君임금 군에서처럼 명령과 권위를 나타내기도 하고, 品물건 품, 器그릇 기에서처럼 물건이나 그릇을 나타내기도 한다. 지혜로운 사람은 남을 알아보고 사물을 헤아리는 일이 남달리 빠르고 깊다. 슬기 있는 사람은 입을 한 번 열면 물 흐르듯 거침없이 쏟아 낸다. 知지는 빠른 화살인 矢시와 말하는 입인 口구를 합쳐 '지혜, 지식, 앎'을 나타낸 것이다. 知지가 많은 사람은 다른 사람의 됨됨이를 잘 알고 사물의 이치를 잘 파악한다.

己 기 ──────── 구불구불한 끈이었다.

己기는 끈이다. 끈은 물건을 칭칭 감아 묶을 때도 썼지만, 서로 약속을 하고 확인하기 위해 매듭을 만드는 용도로도 사용했다. 記기록할 기, 紀벼리 기가 여기에서 나왔다.

이것이 어쩌다 '몸, 나'라는 뜻으로 가차되었다. 起일어날 기는 걸으려고 자기 몸을 일으키는 동작을 표현하기 위해 己기를 쓴 예다.

千里馬常有, 而伯樂不常有.
천리마상유　　　　이백락불상유

― 『雜說』韓愈

천리마는 항상 있지만, 백락은 항상 있는 게 아니다.

― 『잡설』한유

千천은 '1,000', 里리는 십 리, 백 리와 같은 '거리 단위', 馬마는 '말'이다. 千里馬천리마는 하루에 천 리를 달린다는 좋은 말, 준마駿馬다. 常상은 '항상', 有유는 '있다'다. 常有상유는 '항상 있다'다. 不불은 '~가 아니다'이니 不常有불상유는 '항상 있는 게 아니다'가 된다. 伯樂백락은 중국 전국시대 사람이다. 좋은 말을 잘 알아보기로 유명했다.

세상의 변화에 대처하지 못하면 늘 잃고 산다

刻舟求劍

새길 각　　배 주　　구할 구　　칼 검

칼을 강물에 떨어뜨리자 떨어뜨린 위치를 뱃전에 표시를 했다가 배가 떠난 뒤에 뱃전 표시만 보고 그 칼을 찾으려 했다는 이 고사는, 어리석고 융통성이 없음을 꼬집는다.

배는 물 위를 떠다니며, 물은 쉬지 않고 흐른다. 속으로는 시시각각으로 쉴새없이 변하지만, 겉으로는 늘 같아 보이는 게 바로 물이다. 보통 사람은 배를 보지만 슬기로운 사람은 물을 본다. 보통 사람은 눈에 보이는 물의 겉만 보지만 슬기로운 사람은 눈으로 볼 수 없는 물속을 들여다본다. 육안肉眼이 아닌 심안心眼으로 보기에 볼 수가 있는 거다.

배만 신경 쓰다 보면 물 속에 빠트린 검을 손에 넣지 못할 것이다. 여기서 찾고자 하는 검은 물건이나 자르고 베는 그런 검이 아니다.

이를테면 알렉산더 대왕이 고르디아스의 매듭을 끊는 데 썼던 서슬 푸른 검이다. 큰스님들이 번뇌를 끊어버리는 데 쓰던 지혜검智慧劍이다. 검은 무기다. 어떤 일을 이루기 위해 꼭 필요한 무기다. 제아무리 용빼는 재주가 있더라도 무기를 갖지 않고서는 힘들다. 그러한 무기를 갖느냐 못 갖느냐는 바로 변화를 읽느냐 못 읽느냐에 달렸다. 그것도 남들보다 먼저, 제대로 알아채야 한다.

모든 것은 변한다. 변하지 않는 것은 없다. 세상에 만고불변은 없다. 불가에서 일찍이 가르친 무상관無常觀을 그래서 곱씹어 볼 만하다. 일체가 무상하니 현상現狀에 집착한들 무슨 소용이 있겠는가. 그러하기에 불가에서는 또다시 진일보하여 무집착無執著할 것을 가르치고 아울러 신신당부하였다.

위의 고사 각주구검刻舟求劍에서처럼, 배라는 현상에 집착하다 보면 정작 잡아야 할 변화를 놓치게 되고, 변화를 놓치다 보면 정말 필요한 걸 잃게 되고 얻지 못하게 된다.

【 　한자를 읽어보자　 】

刻각 ——————— 亥해 + 刂(刀)도

亥해는 똑똑히 마디진 '대나무 뿌리'다. 刂(刀)도는 '칼'이다. 베고 자르고 찌르는 칼이 아니라 깎고 파고 새기고 하는 칼이다.

刻각은 '칼로 대나무 뿌리를 조각하는 것'이다. '새기다'다.

舟 주 ——————————————— '배'

통나무를 깎아 만든, 노를 젓는 작은 배를 가리킨다.

求 구 ——————————————— '털 옷' 모양

짐승 가죽으로 만든 털옷인 갖옷 모양을 본뜬 글자였
는데, 이 글자가 '구하다, 찾다'라는 뜻으로 많이 쓰이
게 되자 본래의 뜻을 위해서 나중에 衣옷 의를 덧붙여
裘갖옷 구를 만들었다.

劍 검 —————————— 僉 첨 + 刂 도

僉첨은 스집+口구+人인이다. 스집은 '모이다', 口구와 人
인은 모두 '사람'이다. 僉첨은 사람이 많이 모인 것을 나
타낸다. '다, 모두'다. 여기에서는 발음 기호 역할을 한
다.

　劍검은 '칼'이다.

法與時變, 禮與俗化. —『淮南子·氾論』
법여시변　　예여속화

법은 때와 함께 변하고, 예는 풍속과 함께 달라진다.

—『회남자·범론』

法법은 말 그대로 '법'이다. 與여는 '~와'다. 時시는 '때'
다. 變변은 '변하다'다. 禮례는 '예'다. 俗속은 '풍속'이다.
'풍속'은 사람들이 모인 곳에서 생긴다. 禮예는 풍속이
나 사람들의 생각이 바뀌면 함께 바뀌는 것이다. 化화
는 '되다, 변하다'다.

인재는 늘 있지만
알아보는 눈은 드물다

三不祥

석 삼   아니 불   상서로울 상

"사람이 미래다." 모 대기업이 한동안 띄웠던 광고 카피다. 여기서 사람이란 그저 그런 사람을 가리키는 것이 아니라 일정한 능력과 자질을 갖춘 '인물'을 말한다. 조직을 키우고 사업을 확장하려면 됨됨이가 바른 인재를 선발하여 적재적소에 배치하고, 선발한 인재가 제 능력을 마음껏 펼칠 수 있도록 해야 한다.

사람이 곧 힘이고 조직이다. 조직이 사람을 키우는 것이 아니라 사람이 조직을 키운다. 그러므로 조직을 키우고 확장하려면 맨 먼저 참 인재를 공들여 찾고 구해야 한다. 인재를 어떻게 알아보고 어떻게 선발할 것인가? 잘난 인물은 어디에나 수두룩하다. 잘난 인물 가운데 조직에 진짜 필요한 인재를 제대로 가려 뽑기란 무척 어렵다. 인재는 많지만 그 조직을 키우고 확장해 나갈 인물은 기껏해야 한둘이다.

조직을 책임지고 있는 사람은 무엇보다 먼저 사람을 제대로 알아보는 눈을 길러야 한다. 사람을 알아보는 안목을 기르자면 집착하는 마음을 없애야 하고 자신을 깡그리 비워야 하고 자신을 한없이 낮춰야 한다. 그리고 늘 마음과 귀가 열려 있어야 한다. 무엇에 얽매여 있으면 사람을 있는 그대로 보지 못하고 헛보게 된다. 인재는 어디에나 늘 있지만 인재를 알아보는 눈은 드물다. 인물이 없다고 한탄하지 말고 인물을 알아보지 못하는 제 눈을 원망하라! 그 사람 때문에 조직이 흔들릴 수도 있고 커질 수도 있다. 학벌이나 출신 배경에 눈멀어 그 사람을 제대로 알아보지 못한다면 그 사람도 손해지만 조직도 잠재적 손실을 입을 것은 자명하다.

祥상 ──────── 示시 + 羊양

示시는 '보이다, 나타내다'다. 신에게 제사를 지내기 위해 만든 제단 모양을 본뜬 글자다. 示시가 사용된 글자는 대부분 신, 제사, 길흉화복 등과 관련한 뜻을 가진다. 福복은 술동이(畐복)와 示시를 합쳐 '복'을, 禍화는 비뚤어진 입(咼과)과 示시를 합쳐 '재앙'을 나타냈다. 羊양은 가축 양이다. 양은 사육하기 좋고 고기나 털을 유용하게 사용할 수 있어서 고대 중국인들에게는 대단히 중요한 가축이었고, 풍족함과 아름다움의 상징이었다.

祥상은 신이 보여주는 풍족함, 아름다움이므로 '상서롭다'는 뜻을 가진다.

夫有賢而不知, 一不祥.
부   유현이부지   일불상

知而不用, 二不祥.
지이불용   이불상

用而不任, 三不祥也.   —『說苑·君道』
용이불임   삼불상야

어진 이가 있지만 알아보지 못함이 첫째 상서롭지 못함이다. 알아보았지만 쓰지 못함이 둘째 상서롭지 못함이다. 썼지만 맡기지 못함이 셋째 상서롭지 못함이다.   —『설원·군도』

夫부는 주위를 환기시키기 위해 문장 머리에 놓는 말이다. '대저' 정도로 풀이한다. 有賢유현은 '어진 이가 있음'이다. 不知부지는 '알지 못함'이다. 一不祥이불상은 '첫째 상서롭지 못함'이다. 知而不用지이불용은 '어진 이가 있음을 알아보았더라도 기용하지 못함'이다. 用而不任

162

용이불임은 '어진 이를 기용했더라도 온전히 맡기지 못함'이다. 여기서 삼불상三不祥이라 함은 '상서롭지 못한 세 가지'를 뜻한다.

인물을 알아보지 못하는 것도 상서롭지 못하지만, 인재를 뽑아 놓고도 제대로 써먹지 못하는 것이 더 나쁘다. 그 사람이 조직에 꼭 필요한 사람이라 여겨 뽑아 놓고도 정작 부리어 쓰지 못하는 것은 대개 그 사람을 온전히 믿지 못하기 때문이다. 믿지 못하기 때문에 조직의 중요한 일을 내맡기지 못한다. 밖으로만, 내돌리고 믿음을 주지 않으면 그 사람은 조직을 위해 제 실력을 오롯이 펼치지 않을뿐더러 두 마음을 품게 될 것이다. 일단 뽑았으면 그다음은 완전히 믿어야 한다. 믿지 못하겠으면 아예 뽑지 말아야 한다.

열 길 물속은 알아도 한 길 사람 속은 모른다

人心難測

사람 인　마음 심　어려울 난　헤아릴 측

사람 마음은 하루에도 열두 번 변한다. 뒷간에 갈 적 마음 다르고 올 적 마음 다르다. 이처럼 변하기 쉬운 사람 마음속을 어찌 들여다볼까! 거울에 먼지가 앉으면 사물을 있는 그대로 비출 수가 없다. 물이 일렁이면 물체를 또렷이 투영할 수가 없다. 그렇다! 이렇게 때 없이 변하는 사람 속을 온전히 비추어 보려면 제 마음부터 차분하고 고요하게 해야 한다.

　제 마음바탕에 먼지가 끼지 않도록 날마다 갈고 닦

아야 한다. 고요히 흐르는 맑은 물 같아야 한다. 그래야 그 사람 마음속을 환히 비추어 볼 수 있다.

사람은 겉만 보고는 알 수 없다. 물은 건너봐야 알고 사람은 지내봐야 안다. 허나 서로 오래 겪어 보았다고 해서 꼭 그 사람 속까지 아는 것도 아니다. 믿는 도끼에 발등 찍히는 일이 심심찮게 일어나니 말이다. 그렇기 때문에 저마다 사람 됨됨이를 알아보는 안목을 길러야 한다. 그 사람 깜냥을 알아보는 것도 중요하지만 무엇보다 먼저 됨됨이를 똑똑히 알아야 한다.

【　한자를 읽어보자　】

難난 ─────── 𦰩(堇)근 + 隹추

𦰩근은 黃황+土토다. 누런빛이 나는 진흙이다. 隹추는 꽁지가 짧은 새다.

難난은 본래 꽁지가 짧은 어떤 새를 가리켰으나 나중에 '어렵다'라는 뜻으로 사용되었는데, 어떤 경로를 거쳐 그리 되었는지는 아직 알지 못한다. 艱간에도 菫근이 들어있는데 우연인지 이 글자도 '어렵다'라는 뜻을 가졌다. '간', '난'이라는 발음 때문일 수도 있겠고, 菫근이라는 요소 때문일 수도 있겠지만 역시 지금으로서는 알 수 없다.

測측 ——— 氵(水)수 + 則칙

氵수는 물이다. 則칙은 鼎(貝)정 + 刂(刀)도다. 솥이나 칼을 만들 때 각각 미리 정한 기준에 따라 합금을 만든다. 이것이 바로 법칙이다. 測측은 미리 정한 기준을 가지고 물의 양이나 깊이를 헤아리는 것이다.

【 옛 글을 읽어보자 】

畵虎畵皮難畵骨,
화호 화피 난화골

知人知面不知心. —『魔合羅』孟漢卿
지인　지면　불지심

범을 그리되 가죽은 그릴 수 있지만 그 뼈는 그리기

어렵고, 사람을 알되 얼굴은 알 수 있지만 그 마음은

알지 못한다.　　　　　　　　　　　—『마합라』맹한경

畫화는 '그리다', 虎호는 '범'이다. 畫虎화호는 '범을 그리
다'다. 皮피는 '가죽', 畫皮화피는 '가죽을 그리다'다. 骨골
은 '뼈', 難畫骨난화골은 '뼈를 그리기는 어렵다'다. 知지
는 '알다', 知人지인은 '사람을 알다'다. 面면은 '얼굴', 知
面지면은 '얼굴을 알다'다. 不知心불지심은 '마음은 알지
못한다'다.

진정한 리더십이란
인재를 거느리는 게 아니라
인재를 어질게 만드는 것이다

任人唯賢

맡길 임   사람 인   오직 유   어질 현

"인사人事가 만사萬事다"라는 말이 있다. 인사가 중요하다는 말이겠다. 인사란 사람을 들이고 내고 높이고 낮추고 하는 등 일체의 일을 말한다. 인사가 왜 이리 중요하고 왜 이리 어렵나 하면 사람을 알아보기 힘들고 사람을 만나기가 어렵기 때문이다. 경주 돌이면 다 옥이면 얼마나 좋겠는가. 현실은 그렇지 않다는 게 문제다. 사람이면 다 같은 사람이 아니기에 인사가 그만큼 어렵고 힘들다.

그 사람이 도리를 알고 덕성을 갖춘 인격체인가, 아니면 일정한 능력과 자질을 갖춘 사람인가를 단박에 알아내기는 난망하다. 그리하여 대개는 자신과 가까운 사람을 쓰거나 추천에 의해 사람을 임용한다. 일솜씨와 됨됨이는 차치물론하고 고작 연줄만 신경 쓴다. 혈연, 지연, 학연 등등 자기와의 관계만을 따져서 사람을 뽑아 쓴다. 기왕에 모를 바에는 그래도 자기와 관계가 있는 사람을 임용하는 게 낫지 않겠는가 하는 심정으로 그리들 할 터이다. 그리하여 시대를 달리하며 여러 가지 인사 검증 기술이 명멸했다. 개중에 가장 유명한 임용 기술은 뭐니 뭐니 해도 과거 제도일 것이다. 오늘날도 여전히 맹위를 떨치고 있잖은가. 이름만 '고시'로 바뀐 채 말이다. 그 고시 때문에 전문지식만 알차게 갖춘, 절름발이 지식으로 무장한 반 전문가가 양산되고 있지만 말이다.

요즘에는 아무아무 자격증도 모자라서 무슨 스펙인가를 쌓아야 한다고 야단이다. 그러나 아무리 스펙이 화려하더라도 어진 이를 볼 줄 아는 눈은 따로 있지 않을까. 인재를 알아보고 그들이 있는 힘껏 실력을 발휘할 수 있도록 하는 게 진정한 능력이고 경쟁력이다.

任임 ——————— 亻인 + 壬임

壬임은 '아홉째 천간, 아첨하다, 크다' 등 여러 뜻이 있지만 본래 '베틀' 모양이다.

任임은 본래 '베틀에 앉아 있는 사람'이었고 나중에 '임용하다, 쓰다, 들이다'란 뜻으로 사용되었다.

唯유 ——————— 口구 + 隹추

口구는 '말하는 입'이고, 隹추는 '꽁지 짧은 새'다. 여기서는 발음 기호 역할을 한다.

唯유는 본래 '대답'할 때 쓰는 말이었는데 나중에 '오직, 오로지'란 뜻으로 사용되었다.

賢현 ——————— 臤간 + 貝패

臤간은 臣신+又우다. 臣신은 고개 숙인 포로의 눈, 又우는 포로를 잡고 있는 손이다. 고개 숙인 포로를 손으로 단단히 잡고 있는 모습이다. 貝패는 '조개'다.

賢현은 본래 재물을 단단히 움켜잡은 모습으로 '재물이 많다'라는 뜻이었는데 나중에 '재능과 덕행이 모두 훌륭하다, 일솜씨와 됨됨이가 모두 훌륭하다'라는 뜻으로 사용되었다.

【　옛 글을 읽어보자　】

舉江東之衆, 決機於兩陣之間,
거강동지중　　　결기어양진지간

與天下爭衡, 卿不如我.
여천하쟁형　　　경불여아

任賢使能, 各盡其力,
임현사능　　　각진기력

以保江東, 我不如卿.
이보강동   아불여경

—『三國志·吳志·孫策傳』

강동의 무리를 들어 양 진 사이에서 기회를 잡아 천하와 경쟁하는 데는 그대가 나보다 못하다. 어진 이에게 맡기고 능한 이를 부려 각각 그 힘을 다하여 강동을 지키는 데는 내가 그대보다 못하다.

—『삼국지·오지·손책전』

舉거는 '들다'다. 江東강동은 중국 양쯔강 동쪽 지역이다. 삼국시대 오나라를 가리킨다. 衆중은 무리다. 決결은 여기에서 抉결과 통한다. 機기는 '기회'다. 決機결기는 '기회를 잡다'다.

兩陣양진은 '전쟁 중에 구축해 놓은 양쪽 진지'다. 間간은 '사이'다. 爭쟁은 '다투다', 衡형은 '저울대', 爭衡쟁형은 '경중을 재다. 경쟁하다'다. 卿경은 '벼슬'이지만 여기서는 2인칭이다. '그대'다. 不如我불여아는 '나보다 못하다'다. 任임은 '맡기다', 賢현은 '어질다', 使사는 '부리다', 能_능은 '능하다'다. 各_각은 '각각', 盡_진은 '다하다'다.
保_보는 '지키다'다.

옛날 옛적에 당나라 현종이 여러 학사들을 불러다가 편전便殿에서 술잔치를 벌였다. 술이 거나하게 취하자 현종이 이태백李太白을 돌아보며 물었다.

"짐의 조정은 무측천武則天의 조정에 비해 어떠한가?"

이백이 대답했다.

"무측천의 조정은 정령이 여러 군데서 나오고 나라 안에는 따리꾼들로 득시글거렸습니다. 그리고 사람을 쓰는 일도 마치 코흘리개 어린애가 참외를 사는 것과 진배없었습니다. 맛과 향은 맡아 보지 않고 오로지 큼직한 놈만 골라서 삽니다."

조직이 문제가 아니라 사람이 문제다. 아무리 조직을 뜯어고치고 손본다고 해도 문제가 해결되지 않는다. 조직만을 너무 앞세우다 보면 무능력하고 복지부동하고 요령만 부리고 겉묻어 가는 사람만 늘 것이다. 궁극의 문제는 사람이다.

일의 경중을 따져
올바르게 행동한다

權變

저울질 권   변할 변

權變권변은 같은 뜻을 가진 한자 둘을 합쳐서 만든 말이다. 권변은 시비 경중을 헤아려 경우에 따라 알맞게 행동하는 것이다. 똑같은 물이라도 뱀이 마시면 독이 되고 소가 마시면 젖이 된다. 권변도 된 사람이 쓰면 아름답지만 돼먹지 못한 사람이 쓰면 추하고 다랍다.

기본적인 원칙이나 사회적 약속은 아예 무시해 버리고 제게만 이롭도록 아전인수我田引水: 자기 논에만 물을 끌어대듯 자기에게만 이롭게 함 식으로 임기응변하는 행동은

참다운 권변이 아니다. 이런 임기응변은 권모술수權謀

術數: 목적을 위해 남을 교묘하게 속이는 모략이나 술책을 부림에

지나지 않는다.

  권변은 권모술수와 달리 일의 경중을 따져서 그때

그 자리에 알맞게 대처하는 행위를 말한다. 權권과 變

변은 禮예의 다른 모습이다. 여기서 禮예는 기본 원칙,

기본 규칙, 기본 법칙을 말한다. 참다운 禮예는 때와 경

우에 따라 알맞게 대처하는 것이다. 예컨대 맹자孟子도

"男女授受不親남녀수수불친"함이 禮예지만 형수가 물에

빠졌을 때에는 손을 내밀어 잡아 건지는 변통성을 발

휘해야 한다고 하였다. 기본 원칙을 지키는 것보다 융

통성을 부려 형수 손목을 잡아끌어 살려내는 것이 훨

씬 값지기 때문이다.

【   한자를 읽어보자   】

權권 ─────── 木목 + 藋관

木목은 '나무'고, 雚관은 '황새'다.

權권은 흔히 '저울, 저울추, 권력, 권세, 권리'를 뜻하지만 여기서는 '변통, 임시변통, 임기응변'을 말한다.

變변 ——————— 䜌련 + 攵(攴)복

䜌련은 糸사+言언+糸사다. 糸사는 '실', 言언은 '말하다', 糸사는 다시 '실'이다. 실이나 말이 서로 뒤섞여 혼란하고 어지러운 상황이다. 攵(攴)복은 '치다, 때리다'다.

變변은 '변하다, 달라지다'다. 어지러운 상황에 어떤 조치를 취해서 그 상황을 바꾸는 것을 나타냈다. 나중에 '변통하다, 임기응변하다'라는 뜻으로도 확장되었다.

【 옛 글을 읽어보자 】

直躬證父, 尾生溺死, 信之患也.
직궁증부　　　미생익사　　　신지환야

—『莊子·盜跖』

직궁이 아비를 증언하고, 미생이 물에 빠져 죽은 것
은 믿음 때문에 생긴 우환이다. —『장자·도척』

直직은 '곧다', 躬궁은 '몸, 자신'이다. 直躬직궁은 '자기 몸을 곧게 한다'는 뜻을 가진 사람이다. 그의 아비가 염소를 훔친 것을 보고 증인으로 나섰다고 한다. 證증은 '증명하다', 父부는 '아비'다. 尾미는 '꼬리', 生생은 '태어나다, 살다'다.

尾生미생은 사람 이름이다. 사랑하는 여인과 다리 아래에서 만나기로 했는데 여인이 오지 않자 비가 오는데도 계속 그 자리에서 기다리다가 물에 빠져 죽었다고 한다. 溺익은 '물에 빠지다', 死사는 '죽다'다. 信신은 '믿음'이다. 患환은 '근심, 걱정, 우환'이다. 信之患신지환은 '믿음 때문에 생긴 우환'이다.

헛똑똑이나 윤똑똑이들은 권모술수에는 능하지만 권변을 할 줄 모른다. 이들은 일의 경중을 따져 올바른 판단을 내릴 만한 힘이 부족하기 때문이다. 요즘 사회는 맹문도 모르고 기본 원칙을 눈물겹게 지켜 나가는 이들을 비아냥거리며 내리깎는다. 기본 원칙을 지키는 사람은 바보다.

사회적 약속을 꼬박꼬박 지키며 살면 자기만 손해다. 이런 사고방식이 오늘날 사회를 엄숙히 지배하고 있다. 예외만 붙좇고 원칙은 내팽개친 지 오래다. 권변은 없고 권모술수만 판치는 세상이다. 오죽하면 애인과의 약속을 지키고자 교각을 붙들고 물에 빠져 죽은 尾生미생을 어여삐 여기는 말들이 나돌겠는가?

번지르르한 말로써 곧은 말을 삼켜버리고 기름진 행동으로 강마른 몸부림을 짓밟아 버리는 오늘날, 그래도 약속은 지켜야 한다는 기본 원칙에 얽매어 물고기 뱃속에 잠든 미생이 그립다.

변해야 할 때는
산뜻하게 확!

豹變

표범 표　변할 변

豹표는 '표범'이다. 짧게는 예순 해, 길게는 아흔 해 이상을 이승에 머물다 가는 사람도 어떠한 삶의 흔적조차 못 남긴 채 스러지는 경우가 태반인데 표범은 그래도 죽어서 가죽을 남기니 여간이 아니다. 표범은 우리 땅에서 산 적이 있었는지 없었는지는 잘 모르겠지만 익히 들어 알고 있는 짐승이다. 어린 표범은 자라면서 털갈이를 한 뒤 산뜻하고 함치르르해져 그 털은 윤기가 자르르 흐르고 아름다워진다고 한다. '표범처럼 변한다'는 뜻을 가진 豹變표변은 이런 표범의 산뜻한 변화를 두고 하는 말이다.

　사촌이 땅을 사면 배가 아픈 정서가 강해서인지는 모르겠으나 이렇게 좋은 의미를 가진 표변도 우리네 사회에서는 말 그대로 안 좋은 쪽으로 표변해 버리고 돌변해 버렸다.

　표변은 말 그대로 표범이 털갈이를 거쳐 더욱 아름답고 더욱 산뜻하게 변하는 것을 이르는 말이기에 부정적이고 나쁜 의미는 애당초 없었을 것이다. 표변은 사람의 행위가 좋아지거나 사회적 지위가 높아지는 것을 비유하기도 하고, 사람의 행위에 크나큰 변화가 생기는 것을 비유하기도 한다. 표변하여 그전과 전혀 다른 딴사람이 되었다면 축하해 주고 칭찬해 주어야 하지 않을까.

　그런데 어찌 된 영문인지는 잘 모르겠으나 요즘 우리네 사회는 표변할 줄도 모를뿐더러 표변을 좀 할라치면 그렇게 난장을 쳐댄다. 사람이 출세하고 돈 벌더니 하루아침에 달라졌다느니 변했다느니 쑤군댄다.

자리가 바뀌고 위치가 달라졌다면 그에 걸맞게 변해야 할 것이다. 사회적 지위가 높아지고 신분이 달라지면 마음가짐과 생각도, 몸가짐과 말도 바뀌어야 한다. 물론 표변하는 사람을 볼 줄 아는 안목도 함께 키울 터이다.

【　한자를 읽어보자　】

豹_표 ——————— 豸_치 + 勺_작

豸_치는 '발 없는 벌레 치'라는 이름을 가졌지만, 실제 그런 뜻으로 사용되지는 않는다. 이름과 실제가 다른 경우다. 옛 글자를 살펴보면 豸_치는 이빨을 드러낸 채 입을 크게 벌리고 있는 짐승을 표현한 것이다. '고양이과 육식동물'을 나타낼 때 사용한다. 豹_{표범 표}, 狸_{삵 리}, 豺_{승냥이 시}, 貈_{담비 학} 등이 그런 뜻으로 쓰였다.

勺_작은 勹_포+丶다. 丶는 '물체'고 勹는 '물체를 잡은 손'이다. 勺_작은 '물체를 잡고 있는 모습'을 표현했다.

'국자'라는 뜻은 굽은 국자 속에 어떤 물체가 들어있음을 나타낸 것이다. 勺작이 쓰인 글자는 대체로 '작'이라는 소리를 낸다. 酌따를 작, 灼사를 작, 均흙 자국 작, 妁중매 작 등이 그렇다.

豹표는 빠른 동작으로 먹이를 잘 잡아채는 고양이과 육식동물인 '표범'을 나타낸다.

變 변 ——————— 䜌 련 + 攵(攴)복

䜌련은 糸사+言언+糸사다. 糸사는 '실', 言언은 '말하다', 糸사는 다시 '실'이다. 실이나 말이 서로 뒤섞여 혼란하고 어지러운 상황이다. 攵(攴)복은 '치다, 때리다'다.

變변은 어지러운 상황에 어떠한 조치를 취해서 그 상황을 바꾸는 것을 나타냈다. '변하다, 달라지다'다.

君子豹變, 小人革面. —『周易·革卦』
　　군자표변　　　소인혁면

군자는 표범처럼 변하지만, 소인은 얼굴만 바꾼다.

—『주역·혁괘』

豹표는 '표범', 變변은 '변하다'다. 豹變표변은 '표범처럼
변하다'다. 革혁은 '바꾸다', 面면은 '얼굴'이다. 革面혁면
은 '얼굴만 바꾸다'다.

겉모습으로
사람을 취해서야 되겠는가

以貌取人

써 이 겉모습 모 취할 취 사람 인

"까마귀 겉 검다고 속조차 검은 줄 아느냐"라는 속담
이 있다. 그 사람을 평가할 때는 겉모습만 보고 할 것이
아니라는 말이다. 사람은 겉만 봐서는 제대로 모르는
법이다. 아무개는 까마귀 노니는 골에 백로야 가지 말
라고 했지만, 허울 좋은 하눌타리보다 수수한 촌닭이
나을 때도 있다.

우리는 사람을 볼 때 곧잘 겉만 따지는 경향이 있다.

겉치레로 보여주는 겉모양에 얼을 빼앗기고 허깨비에 속아 넘어간다. 그럴듯한 허울에 눈이 삐고 달콤한 사탕발림에 귀가 혹하여 참모습을 제대로 읽어내지 못한다. 보기 좋은 떡이 꼭 먹기도 좋은 것은 아니다.

그럼에도 불구하고 오늘도 내일도 불나방이 등불 보고 달려들 듯이 빛 좋은 개살구에 속아 자신을 속절없이 내던진다.

【　한자를 읽어보자　】

貌_모 ——————— 豸_치 + 皃_모

豸_치는 이빨을 드러내고 사납게 우는 길짐승이다. 법을 수호하는 짐승이라고 알려진 해치를 가리키기도 한다. 고양이과 짐승 이름에 많이 사용되었다. 豹_{표범 표}, 狸_{살쾡이 리}, 豺_{승냥이 시} 등에 보인다. 이 한자의 훈은 '발 없는 벌레'다. 하지만 이 글자가 이런 뜻으로 활용된 예는 거의 없다.

皃모는 머리를 묶은 모양인 윗부분(白)과 사람을 나타내는 아랫부분(儿)을 합쳐 '얼굴'을 나타낸 글자다. 貌모의 본래 글자인 셈이다. 나중에 豸치를 더했는데 그 이유는 분명치 않다. 현대 중국어에 사용하는 간화자는 貌모 대신 본래 글자인 皃모를 쓰고 있다.

取 취 ——————— 耳 이 + 又 우

耳이는 '귀'다. 귀 모양을 본떠 만들었다. 耳이가 있는 한자는 대부분 '귀'와 관련한 뜻을 갖는다. 聞들을 문, 聽들을 청, 聲소리 성, 聰귀 밝을 총 등이 그렇다.

又우는 '오른손'이다. 오른 손 모양을 본떠 만들었다. 又우가 있는 한자는 대부분 '손'과 관련된 뜻을 갖는다. 友벗 우, 受받을 수, 及미칠 급 등에 又우가 쓰였다.

取취는 '귀를 잘라 손에 잡고 있는 형상'이다. 옛날 병사들은 전쟁에서 적을 해치운 숫자를 적의 귀를 잘라서 그것을 증명했다. 결국 '귀를 잘라 손에 쥐다'가 본뜻이었다.

夫君子取情而去貌, 好質而惡飾.
부　군자　　취정이거모　　　호질이오식

　　　　　　　　　　　　　　—『韓非子·解老』

군자는 정을 취하고 외모를 버리고, 바탕을 좋아하

고 꾸밈을 싫어한다.　　　　　—『한비자·해로』

君子군자는 학식과 덕행이 높은 사람을 이른다. 小人소
인의 반대말이다. 取취는 '취하다'다. 情정은 '실정, 사실'
이다. 去거는 '버리다'다. 貌모는 '외모, 외양'이다. 好호
는 '좋아하다'다.

　質질은 '바탕'이다. 惡오는 '미워하다'다. 飾식은 '꾸
밈'이다.

　요즘 우리네 사회는 너도나도 겉꾸미기에 열을 올
린다. 성형수술은 기본이고 학력 위조와 거짓말은 덤
이다. 속고 속이다 보니 결국에는 서로가 서로를 못 믿

는다. 속이는 일도 버릇하고 속는 일도 버릇해서 무덤 덤해진다. 여기서 속고 저기서 속인다. 이 모든 부조리는 겉모습, 외모만을 따지는 세태가 불러온 것이다. 그러니 마음공부는 뒷전이고 속 닦음질은 거들떠보지도 않는다.

진면목을 알아보지도 못하고 알아주지도 않으니 구태여 힘들게 내실을 다질 필요가 있겠는가. 그저 눈비음만 잘하면 그만이지. 거짓투성이 세상에 사는 우리네 삶은 헛되고 헛되다. 애들은 애들대로 헛공부에 몸과 마음이 지칠 대로 지치고, 어른은 어른대로 헛짓하느라 헛헛하다.

이제부터라도 안으로 눈을 돌리자. 내면의 속삭임에 귀를 기울이자. 보려고 맘만 먹으면 보인다. 그 출발점은 조그마한 관심이다. 관심을 가지고 남을 대한다면 그 사람의 진면목이 눈에 들어올 것이다. 관심은 존경을 불러온다.

시대를 초월한 위대한 교육자 공자孔子도 만일 용모로 사람의 됨됨이와 재능을 평가했다면 못생긴 담대멸명澹臺滅明이라는 훌륭한 제자를 얻지 못했을 것이다.

만일 말재주에 지레 기겁하고 내쳤다면 십철十哲 중 한
명인 宰予재여를 제자로 두지 못했을 것이다.

달면 삼키고
쓰면 뱉는 사람으로 살 것인가

炎凉

불탈 염   서늘할 량

사람이 많이 모인 곳은 사람들이 내뿜는 열기로 후끈
달아오르고 시끌벅적하지만, 사람이 적은 곳은 썰렁하
고 쓸쓸하다. 炎염은 전자를, 凉량은 후자를 말한다. 사
람 사는 세상은 예나 지금이나 별반 다른 것이 없다. 힘
과 돈이 있고 없고를 대중 삼아 남을 대하는 세태야 어
제오늘의 일이 아니다. 오죽하면 "죽은 정승이 산 개만
못하다"는 속담이 생겼겠는가.

그렇다. 세상 인심은 염량炎凉을 보고 박쥐구실을 한

다. 돈 있고 힘 있으면 문정약시門庭若市: 문 앞에 마치 시장이 선 것 같다는 뜻으로, 세력이 있어 찾아오는 사람이 매우 많음을 뜻함를 이루고, 돈 떨어지고 힘 잃으면 적막강산寂寞江山: 아주 적적하고 쓸쓸한 풍경으로 돌변한다. 이것이 바로 범인凡人들이 보이는 염량세태다.

【　　한자를 읽어보자　　】

炎염 ——————— 火화 + 火화

火화는 '불'이다. 불은 타오르는 성질이 있다. 그렇기 때문에 불길이 치솟는 걸 표시하기 위해 火화 두 개를 위아래로 겹쳐 쌓았다. 불 하나도 뜨거운데 불 두 개가 있으니 얼마나 덥겠는가! 그래서 炎염은 炎天염천이나 暴炎폭염에서처럼 '덥다, 몹시 무덥다'는 뜻도 가지고 있다. 이 뜻으로부터 '영향력, 힘, 입김'이란 뜻이 나왔다.

涼량 ─────── 氵(水)수 + 京경

氵(水)수는 물이니 이 글자가 들어 있는 한자는 대체로 액체와 관련이 있다. 京경은 높은 성 모양을 본뜬 글자다. 임금님이 계시는 서울은 본디 높은 곳에 자리 잡았다. 여기에서는 발음 기호 역할을 한다.

涼량은 본디 薄酒박주, 즉, 물 탄 술을 뜻하기 위해 만든 글자다. 물 탄 술맛은 어떻겠는가! 밍밍하고 싱겁고 맛없다. 이 뜻으로부터 발전하여 일반적 의미의 '박하다'는 뜻을 거쳐 '쌀쌀하다, 서늘하다'는 뜻을 갖게 되었다.

【　옛 글을 읽어보자　】

吾觀今之交乎人者,
오관금지교호인자

炎而附, 寒而棄.　　─『宋淸傳』柳宗元
염이부　　한이기

192

내가 요즘 사람들 사귀는 것을 보니, 더우면(영향력이 있으면) 친근히 지내고, 추우면(영향력이 없으면) 버린다. ―『송청전』유종원

吾오는 '나'다. 觀관은 '보다'다. 今금은 '요즘', 交교는 '사귐'이다. 乎호는 '~와'로 푼다. 人인은 '사람, 남'이다. 者자는 '~하는 것'이다. 炎염은 '뜨거움, 영향력 있음', 而이는 '~하면' 정도로 푼다. 附부는 '붙다, 친근히 지내다'다. 寒한은 '춥다, 영향력 없다'다. 즉, 炎涼염량에서 涼량과 같은 뜻이다. 棄기는 '버리다'다.

권세가 있을 때는 붙좇고 권세가 없어지면 푸대접하는 것이 요즘 세태다. 일찍이 선비 조지훈은『지조론志操論』에서 이렇게 말했다.

"지조란 것은 순일한 정신을 지키기 위한 불타는 신념이요, 눈물겨운 정성이며 냉철한 확집確執이요, 고귀한 투쟁이기까지 하다. ⋯⋯지조가 없는 지도자는 믿을 수가 없고, 믿을 수 없는 자는 따를 수 없기 때문이다."

세상인심 경박하고 세태 인정 각박한 줄 얼른 알고 어서어서 안목을 기르자. 추운 겨울이 닥쳐서 푸르름을 결코 잃지 않는 소나무 같은 사람을 알아보는 눈을 기르자.

바꿀 수 있는 것과
없는 것을 냉철하게 헤아린다

鳧脛鶴膝

오리 부 정강이 경 두루미 학 무릎 슬

사람은 타고난다. 태어날 때부터 주어진 상태로 말이
다. 남자로 여자로 타고나고, 첫째로 둘째로 타고난다.
아무개는 이 집에서 태어나고 아무개는 저 집에서 태
어난다. 이러한 것들은 어떠한 노력을 들이더라도 바
꿀 수가 없다. 하기야 요즘에는 환부역조換父易祖***도 서

*** 환부역조: 아버지와 할아버지를 바꾼다는 뜻으로, 지체가 낮은 사람
이 부정한 방법으로 양반집 뒤를 이어 양반 행세를 함을 이르는 말에서
유래

습지 않는 모양이다.

그러나 선천적으로 갖추어진 것들은 바꾼다고 해서 뿌리까지 깡그리 바뀌지는 않는다. 참새로 태어났으면 참새로 살아가야지 황새가 되기를 욕망한다면 그것은 그야말로 구름 잡는 짓이다. 지나가던 뱁새가 비웃을 일이다. 그렇다고 운명에 맹종하라는 말은 결코 아니다. 숙명에 지레 짓눌려 눈물만 뿌리며 한숨만 푹푹 쉬며 살아가라는 말은 결단코 아니다. 바꿀 수 있는 것과 바꿀 수 없는 것을 냉철한 마음으로 헤아리고 굳은 마음으로 임해야 한다. 그래야 억울한 감정도 안 생기고 불평불만에 빠지지 않는다.

선천적으로 갖추어진 것 중에 성격과 외모와 능력 등은 후천적인 노력 여하에 따라 어느 정도는 바꿀 수가 있다. 허나 제아무리 기를 쓰고 아등바등한다 해도 환골탈태는 못 한다.

오리의 정강이가 두루미의 무릎으로 변할 수는 없는 노릇이다(부경학슬鳧脛鶴膝). 이것은 엄연한 자연법칙이다. 그러므로 분수를 알고 분수에 맞게 행동하는 게 지

극히 인간적이다. 그래야 마음 편하고 행복감을 누리며 살아갈 수 있다.

【 한자를 읽어보자 】

鳧부 ─────── 鳥조 + 几궤

鳥조는 '새'이고, 几궤는 '안석'이다.

鳧부는 날기 보다는 걷거나 헤엄치기를 좋아하는 '오리'다. 오리는 다른 날짐승에 비해 유난히 다리가 발달해 있다.

脛경 ─────── 月(肉)육 + 巠경

月(肉)육은 '살'이다. 모양은 달 월과 같지만 신체 기관과 관련 있을 때는 '살 육'이 변한 것이다. 巠경은 '물줄기 경'이다. 주로 발음 기호 역할을 한다. 이 글자가 쓰이면 주로 '경'이라는 음을 갖는다. 經날 경, 輕가벼울 경,

逕소로 경, 徑지름길 경, 涇통할 경, 勁굳셀 경 등이 그렇다.

脛경은 '정강이, 발, 다리'를 뜻한다.

鶴학 ——————— 隺각 + 鳥조

隺각은 '높이 날다, 고상하다'다. 여기서는 발음 기호 역할도 한다.

鶴학은 '높이 날고, 고상하다고 여김을 받는 새' 곧 '학, 두루미'를 뜻한다.

膝슬 ——————— 月(肉)육 + 桼칠

桼칠은 '옻, 옻칠하다'지만 여기서는 割쪼갤 칠, 折꺾을 절의 의미로 사용되었다. 발음 기호 역할도 한다.

膝슬은 '무릎'이다. 꺾어지는 신체 기관을 나타낸 것이다.

夫鵠不日浴而白, 烏不日黔而黑.

부　　곡불일욕이백　　　　오불일검이흑

—『莊子·天運』

무릇, 고니는 매일 목욕해서 하얗게 된 것이 아니고,

까마귀는 매일 그을려서 검어진 것이 아니다.

—『장자·천운』

夫부는 '무릇, 대개'다. 鵠곡은 '고니'다. 浴욕은 '목욕하
다'다. 不불은 '日浴而白일욕이백: 매일 목욕해서 하얗게 되다'
전부를 부정한다. 烏오는 '까마귀'다. 黔검은 '그을리다,
검게 하다'다. 黑흑은 '검다'다.

물이 너무 맑으면
물고기가 살지 않는다

人至察則無徒

사람 인 지극한 지 살필 찰 곧 즉 없을 무 무리 도

물이 너무 맑고 깨끗하면 정작 물고기들이 몸을 숨길 데가 없다. 물속 밑바닥까지 명징하게 속속들이 보이니 물고기가 어느 돌 틈에 숨는지, 어느 묵은 나뭇잎 밑으로 기어드는지 훤하게 알 수 있다. 그러하기에 물이 너무 맑으면 많은 종류의 물고기가 살지를 못 한다. 기껏해야 버들치, 열목어, 가재 등등 손가락으로 헤아릴 정도의 물고기들만 살뿐이다.

새도 가지를 가려서 앉는다고 했다. 미물도 가지를 가리는 데 하물며 사람이야 오죽하겠는가! 일이건 사람이건 제 나름으로 요모조모 따지고 앞뒤를 잰다. 그리고 입에 맞는 떡만 찾으려 한다. 어찌 보면 이것은 당연하다. 일이건 사람이건 무턱대고 가까이할 수는 없지 않는가. 따질 건 따지고 재 볼 건 재어 보아야 한다. 저 일을 하면 내게 어떤 이득이 있을까, 저 사람과 알고 지내면 내게 무슨 도움이 있을까 등등을 따져 보는 거야 나쁘지 않다.

모든 게 그렇지만 이 또한 지나치면 안 좋다. 너무 미주알고주알 밑두리콧두리 캐듯이 속속들이 알아보고 시시콜콜 따지는 것은 사람살이에 그리 도움이 되지 않는다. 시쳇말로 털어서 먼지 안 나는 사람 없다. 이 사람은 이래서 싫고 저 사람은 저래서 멀리하면 정작 가까이하며 사귈 사람이 몇 명이나 되겠는가. 너무 이사람 저사람 가려 살피게 되면 사귈 친구가 없다(인지찰즉무도人至察則無徒).

대개의 경우는 좋은 점과 나쁜 점을 동시에 가지고 있다. 말 그대로 완벽한 사람은 없다. 고로 단점과 장

점을 함께 고려하고 현명하게 판단해야 한다. 특히 자기 취향에 맞는 사람에게서는 그 사람의 장점만을 보고, 자기와 맞지 않는 사람에게서는 그 사람의 단점만을 살피는 편견에 사로잡힌 눈으로는 결코 의로운 이를 만날 수 없다.

【 　한자를 읽어보자　 】

至 지 ── 화살이 날아와 땅에 거꾸로 박힌 모양

'이르다, 다다르다'가 본뜻이다. 나중에 '끝, 지극'의 의미로 더 많이 사용하자 본래 뜻을 위해서 刂도를 덧붙여 到이를 도를 만들었다.

察 찰 ─────── 宀 면 + 祭 제

宀면은 '집'이다. 이 글자가 쓰인 한자는 주로 '집, 건물'과 관련한 뜻을 가진다. 家집 가, 宮집 궁, 宗마루 종, 宇

집 우, 宙집 주 등이 그렇다. 祭제는 月(肉)육+又우+示시다. 손(又우)에 제사에 쓸 고기(肉육)를 들어 제단(示시)에 올리는 모양이다.

察찰은 본래는 제사 지내는 집을 나타낸 것이었는데 나중에 '살피다'라는 뜻을 가지게 되었다. 제사를 지낼 때는 두루두루 살펴 제사 의식을 잘 행하고 음식도 좋은 것으로 마련해야 했었나보다.

無 무 · 양 손에 무언가를 들고 춤추는 사람 모습이다.

아래쪽 灬화는 火불 화와는 전혀 관계가 없다. 발 모양이다.

본래는 '춤추다'였는데 나중에 '없다'라는 뜻으로 사용되자 본래 뜻을 위해서는 灬화 대신 발 모양을 제대로 살려 舛어그러질 천을 붙여 舞춤출 무를 만들었다.

徒도 ——— **彳** 척 + **止** 지 + **土** 토

彳척은 '길', 止지는 '발'이다. 합하면 辵쉬엄쉬엄갈 착이 된

다. 土토는 여기에서 발음 기호 역할을 한다.

徒도는 본래 '길을 걷다'다. 혼자 걷는 것이 아니라
여럿이 같이 걷는 것이다. '무리, 동무'다.

【　옛 글을 읽어보자　】

朝廷大奸不可容,
　　조정대간　　불가용

朋友小過不可不容.
　　붕우소과　　불가불용

若容大奸, 必亂天下,
　　약용대간　　필난천하

不容小過, 則無全人. —『讀書鏡』陳繼儒
　　불용소과　　즉무전인

조정에서 큰 간악함은 용납할 수 없지만, 벗 사이에
작은 잘못은 용납하지 않으면 안 된다. 만약 큰 간악
함을 용납한다면 반드시 천하를 어지럽힐 것이고,

작은 잘못을 용납하지 않는다면 온전한 사람이 없

을 것이다. ──『독서경』 진계유

朝조는 '아침, 조정', 廷정도 '조정'이다. 朝廷조정은 옛날
에 '나라의 정사를 의논하고 집행하던 곳'이다. 奸간은
'간악함'이다. 不可불가는 '~할 수 없다, ~해서는 안 된
다.'다. 容용은 '받아들이다, 용납하다'다. 朋붕은 '벗', 友
우도 '벗'이다. 따라서 朋友붕우역시 '벗'이다. 過과는 '잘
못, 허물'이다. 不可不불가불은 '~하지 않을 수 없다, 반
드시 ~해야 한다'다. 若약은 '만약'이다. 必필은 '반드시'
다. 亂란은 '어지러움, 혼란함'이다. 全전은 '온전함'이
다.

| 서른여덟 번째 | 입바른 말을 하는 아랫사람을 |
| 저   녁 | 스승처럼 섬겨라 |

爭子

다툴 쟁   아들 자

사람은 불완전한 존재다. 도덕적으로 무결하지 않을뿐
더러 정신적으로 완전하지도 않다. 부모도 사람이다.
옳지 못한 일을 할 수도 있고 그릇된 행동을 할 수도 있
다. 지난날의 임금도 사람이었다. 그 때문에 늘 곁에 간
신諫臣을 두고 잘못을 바로잡고 고치기를 게을리하지
않았다. 간신은 옳은 말로 임금이 잘못하거나 옳지 못
한 일을 하면 서슴없이 간諫하여 고치게 하는 신하다.

입바른 소리를 듣기 좋아하는 사람은 많지 않다. 더

군다나 사람은 감정을 가졌다. 감정을 건드리거나 다치게 하면 작게는 앙심을 품고, 크게는 분에 못 이겨 해코지하려 든다. 특히나 임금에게 간언을 올리다가 자칫 역린逆鱗: 임금의 노여움을 일컫는 말을 건드리기라도 하면 댕강 목이 달아난다. 임금과 언쟁을 벌이다 설령 역린을 건드리고, 그로 인해 목숨을 잃게 될지라도 신하 된 이상 임금이 불의를 저지르지 않도록 입바른 말로 간해야 할 것은 간해야 한다.

신하가 임금이 바른길로 갈 수 있도록 간할 수 있다면 자식도 어버이가 불의에 빠지지 않도록 바른말로 잘못을 고치도록 간곡히 권할 수 있다.

세 살 먹은 아이 말도 귀담아들으랬다. 철부지 어린 자식이 뭘 알겠는가고 무시하거나 흘려들어서는 안 된다. 철모르는 어린 자녀들은 부모가 하는 말과 행동을 보고 그대로 따라 배운다. 내가 내 부모에게 무심결에 하는 말과 행동들을 가만 보고 있다가 나중에 배운 대로 내게 할 것이다. 어린 자녀들은 철부지이기에 보이는 대로 보고, 그대로 따라 한다. 그게 바로 어린 자녀들이 부모의 잘못을 간하는 방식이다. 부모가 길거리에 아무렇게나 과자 봉지를 버리면 어린 자녀들도 아무런 부끄럼 없이 버린다. 부모가 길거리에 가래침을 아무렇게나 뱉고 가버리면 어린 자녀들도 그렇게 한다. 어린 자녀들이 행동으로 말로 부모의 그런 잘못과 옳지 못한 일을 간하고 있는데도 여전히 무신경으로 일관하는 것처럼 어리석은 일은 없다.

【   한자를 읽어보자   】

爭쟁 ── 爫조 + 彐(又)우 + ㅣ궐

爫조는 '손', 彐(又)우도 '손', ㅣ궐은 '물건'이다.

　爭쟁은 두 사람이 한 물건을 잡고 다투는 모습이다. '다투다'다.

昔者, 天子有爭臣七人,
　석자　　　천자유쟁신칠인

……諸侯有爭臣五人,
　　제후유쟁신오인

……大夫有爭臣三人,
　　대부유쟁신삼인

……士有爭友, ……父有爭子,
　　사유쟁우　　　　부유쟁자

則身不陷於不義.　　　—『孝經·諫爭』
즉신불함어불의

옛날에 천자에게는 간쟁하는 신하 일곱이 있었다.
……제후에게는 간쟁하는 신하 다섯이 있었다. ……
대부에게는 간쟁하는 신하 셋이 있었다. ……사에게
는 간쟁하는 벗이 있었다. ……아비에게는 간쟁하는
아들이 있었다. 그래서 그 몸이 불의에 빠지지 않았
다.　　　　　　　　　　　　　　　—『효경·간쟁』

昔者석자는 '옛날에'다. 天子천자는 제후들의 우두머리
다. 가장 높은 지위에 있는 지도자다. 有유는 '~을 가지
고 있다'다. 爭쟁은 諍쟁이다. '간쟁하다'다. 臣신은 '신
하'다. 諸侯제후는 천자의 신하다. 大夫대부는 제후의 신
하다. 士사는 벼슬하지 않은 선비다. 爭友쟁우는 간쟁하
는 벗이다. 爭子쟁자는 간쟁하는 아들이다. 身신은 '몸'
이다. 陷함은 '빠지다'다. 不義불의는 '의롭지 못함'이다.

즐거움과 기쁨이
곧 보약이다

藥, 樂

약 약   즐길 락

藥약에서 핵심 역할을 하는 樂락을 그냥 발음 기호로만
치부하기에는 좀 마뜩찮은 점이 있다. 樂락은 繰색실 약,
鑠녹일 삭, 爍빛날 삭에서도 핵심 역할을 한다. 繰약은 고
치에서 실을 뽑아 자새나 끝이 두 갈래로 갈라진 나무
때기에 감을 적에 드러나는 색깔과 광택을 표시한다.
고치실을 뽑자면 먼저 누에고치를 펄펄 끓는 물에 넣
고 삶아서 흐물흐물 녹여야 한다.

　금속을 녹이는 것도 이와 유사하기에 樂락에 金금을

더해 鑠약을 만들었다. 이렇게 보면 樂락은 고치실을 가지런히 다스리는 자새나 끝이 두 갈래로 갈라진 나무 때기를 본떠서 만든 글자다. 樂락을 찬찬히 들여다보면 포크처럼 생긴 나무때기 양 끝에 고치실 뭉치가 매달려 있는 모양이 보인다.

樂락은 실을 간추리고 다스리는 데 쓰는 도구이므로 樂락을 핵심 재료로 삼아 병을 다스리다는 뜻을 가진 爍병고칠료를 만들었다. 爍료는 바로 나중에 만든 療병고칠료와 같은 글자다. 藥약도 자새나 끝이 두 갈래로 갈라진 나무때기로 실을 간추리고 다스리는 樂락에서 '다스리다'는 뜻을 취하고 ㅛ초를 합하여 병을 다스리는 풀을 표시하였을 것이다.

어떤 사람은 樂락에 들어있는 둥글고 묶인 모양을 거문고 같은 현악기로 보기도 한다. 여기서 우리가 흔히 알고 있는 '음악'이란 뜻이 나왔다. 그래서 樂락을 음악으로 이해해도 좋을 듯하다. 음악은 몸과 마음의 긴장을 풀어주는 역할을 한다. 그뿐만 아니라 기분과 감정에 직·간접적으로 상당한 영향을 준다. 이런 이유 때문에 오늘날 음악은 대체의학의 한 방편으로 떠오르고 있다. 이른바 음악 치료다.

樂락은 또 '락'으로 읽으며 '기쁘다, 즐겁다, 유쾌하다'는 뜻을 가지고 있다. 몸이 아프다 보면 느끼는 게 짜증이고 화다. 짜증내고 화내다 보면 기분은 나빠지고 감정은 상하게 된다.

이처럼 마음이 상하다 보면 없던 병도 생길 판이다. 하루하루 즐겁게 살고 기쁘게 보내는 것이 병을 멀리하는 지름길이고, 병을 하루바삐 쫓아내는 길일 터이다. 즐겁게 사는 사람은 병을 물리치는 면역력이 그렇지 않는 사람에 비해 강하다고 한다.

樂은 또 '요'로 읽으며 '좋아하다'는 뜻을 가지고 있다. 뭔가를 좋아하며 즐기는 것도 병을 이기는 한 방법일 것이다. 좋아하는 취미 생활을 하다 보면 알게 모르게 몸도 마음도 건강해질 것이다. 좋아하는 것을 찾아 즐기다 보면 기분도 좋아질 것이고, 기분이 좋아지면 마음도 즐거워질 것이고, 마음이 즐거워지면 몸도 덩달아 가벼워질 것이다. 그러고 보니 藥약에 감춰 둔 옛

사람의 가르침이 크고도 깊음을 이제야 알겠다.

【　한자를 읽어보자　】

藥 약 ──────── 艹 (艸)초 + 樂 락

艹(艸)초는 '풀'이다. 艹초가 쓰인 한자들은 대부분 '풀,
꽃, 식물'과 관련한 뜻을 가진다. 花꽃 화, 草풀 초, 茶차 차,
菌버섯 균등이 그렇다. 樂락은 '즐겁다, 음악, 좋아하다'
라는 뜻이고, 각각 '락, 악, 요'라고 읽는다. 여기에서는
발음 기호 역할도 한다.

　藥약은 '먹으면 몸에 좋은 풀', 즉 '약'이다.

【　옛 글을 읽어보자　】

藥無高下, 要在對病. 萬全良藥,
　　약무고하　　　　요재대병　　　　만전양약

與病不對, 亦何補哉? ——『焚書·讀史』

여병불대　　　역하보재

약은 높고 낮음이 없다. 그 필요는 병에 대응함에 있

다. 좋은 약을 다 갖추고도 병에 대응하지 못한다면

또한 무엇에 쓰겠는가?　　　——『분서·독사』

藥약은 말 그대로 '약'이다. 無무는 '없다', 高고는 '높다',
下하는 '아래, 낮다'다. 要요는 '구하다, 필요하다'다. 在
재는 '있다', 對대는 '대응하다', 病병은 '병'이다. 약이 필
요한 이유는 병에 대응하기 위함이다. 萬만은 '일 만, 모
두'다. 全전은 '온전하다'다. 萬全만전은 '모든 것을 온전
히 다 갖춤'이다. 良양은 '좋다'다. 與여는 '~와 더불어'
다. 與病여병은 '병과 더불어'다. 不對불대는 '대응하지
못하다'다. 亦역은 '또한', 何하는 '무엇', 補보는 '깁다, 돕
다, 보충하다'다. 哉재는 감탄의 의미를 더할 때 쓴다.
亦何補哉역하보재는 직역하면 '또한 무엇을 기울 수 있
겠는가?'다.

은인은
가까운 곳에 있다

弼, 宿

도올 필   묵을 숙

弼필에서 百이 일백 백百이 아닌 것은 宿잘 숙에서 百이
일백 백百이 아닌 것과 마찬가지다. 宿숙은 '하룻밤을
묵다, 하룻밤 자다'다. 宀면은 '집'이고 亻인은 '사람'이
다. 바람과 이슬을 막아 줄 집은 있다. 찬 바닥에 그냥
자면 등이 배기고 까딱하면 입 돌아간다. 무엇이든지
바닥에 깔고 자는 게 여러모로 좋다. 하다못해 왕골자
리라도 깔고 자는 것이 낫다.

宿숙은 본디 㝛으로 썼다. 囘은 바로 囟이고, 囟은

바로 囚이다. 왕골이나 부들 따위로 엮은 기직을 간결하게 본뜬 글자다. 百은 바로 잠잘 때 찬 바닥에 까는 기직자리를 나타낸 것이다.

宿숙은 사람이 홀로 밤을 보내는 모습이다. 덩그렇게 큰 잠자리에 동그맣게 쭈그리고 자고 있다. 함께할 사람 하나 없이 외톨이로 그 긴 밤을, 그 무서운 밤을 혼자서 고스란히 보내고 있다. 밝은 대낮이야 사람들로 북적대니 덜 외롭고 덜 서글프겠지만, 사람 발길 뚝 끊기고 인기척 아예 없는 깜깜한 밤이면 얼마나 쓸쓸하고 얼마나 서럽겠는가. 의지가지없는 홀아비나 홀어미, 매인데 없음을 짠하게 내세우는 독신자들도 땅거미가 깔리고 어둠이 사람 그림자를 모조리 삼켜 버리는 밤이면 외로움에 몸서리를 칠 터이다. 홀가분하게 홀몸으로 지내는 것이 제아무리 좋다지만 사람이면 짝하여 밥을 먹고 짝하여 잠을 자고 짝하여 살아야 제 맛이다.

夙필에서도 가운데 자리를 차지하는 百은 '잠자리'다. 그리고 양쪽에 자리하고 있는 똑같이 생긴 弓궁은 '사람'이다. 그것도 개잠이나 새우잠을 자고 있는 사람

같아 보인다. 弼필을 또 弻, 㛸, 㺗 등으로도 썼다. 한 잠자리에서 이리도 서로를 닮은 몸짓으로 잠자는 이들은 가시버시 말고는 없을 것이다. 잠자리를 같이하며 하루하루 서로를 알아가고, 한 집에서 알콩달콩 아옹다옹 살아가며 하루하루 서로를 닮아가는 부부야말로 서로를 절실하게 의지하고 서로를 간절하게 돕는다. 그렇기 때문에 弼필은 '돕다, 도와주다'는 뜻을 가지고 있다. 輔佐보좌, 輔弼보필, 輔助보조 등이 그렇다.

【　한자를 읽어보자　】

弼필 ─────── 弓 + 百 + 弓

弓은 '활 궁'처럼 생겼지만, 본래는 '옆으로 누운 사람'이다. 百은 '일백 백'처럼 생겼지만, 본래는 '잠잘 때 찬 바닥에 까는 기직자리'다.

弼은 '잠자리에 함께 누운 두 사람'이다. '짝, 배필'이다. '돕다'라는 뜻으로도 쓰인다.

宿숙 ——— 宀면 + 亻인 + 百

宀면은 '집', 亻인은 '사람', 百은 '잠자리'다.
　宿숙은 '집에서 자는 사람'이다.

【　옛 글을 읽어보자　】

一日去良弼, 如亡左右手.
　일일거양필　　　여망좌우수
　　　　　　　　　—『新唐書·房玄齡傳』

하루라도 좋은 배필을 떠나는 것은 양 손을 잃는 것
과 같다.　　　　　　　　　—『신당서·방현령전』

一日일일은 '하루'다. 去거는 '가다, 제거하다, 떠나다'다.
良량은 '좋은, 훌륭한', 弼필은 '짝, 배필, 돕다'다. 良弼양
필은 '좋은 배필'이다. 如여는 '~와 같다'다. 亡망은 '망하
다, 잃다'다.

219

左좌는 '왼쪽', 右우는 '오른쪽', 手수는 '손'이다.

남자 입장에서 진심을 다하여 나 잘되기를 도와주는 이는 뭐니 뭐니 해도 '아내'밖에 없다. 물심양면으로 알뜰살뜰히 도와주는 이는 눈을 씻고 찾아봐도 집사람밖에 없다.

여자 입장에서도 이 어려운 세상에서 믿고 의지할 수 있는 사람은 '남편'밖에 없다. 남자나 여자나 이런 사람은 딴 데서 구하려 하지 않는 게 좋다. 바로 곁에서 그림자처럼 알게 모르게 오늘도 도움 주는 남편이 있고, 아내가 있지 않은가. 삼시 세끼 꼬박꼬박 함께 먹을 수 있고, 긴긴 밤 외로운 잠자리를 같이해 주고, 서로의 어려움을 거리낌 없이 나눌 수 있으니 이 얼마나 큰 도움 주는가. 잊지 말자. 나를 나만큼 도와줄 이는 밤을 함께 지새우는 사람밖에 없음을.

기다림의 미덕을
일깨워주는
저녁 한자

忍참을 인은 心마음 심 위에 刃칼날 인을 놓았다.
刃인은 刀칼 도에 점을 찍어 '칼날'을 표시했다.
忍인은 칼날에 베인 아픔을 견뎌 내는 것이다.
참는 것은 마음의 작용이니 心심을 붙였다.
참는다는 것은 가슴을 에는 모진 아픔을 견뎌 내는 것이다.
참는 행위는 눈물겨운 투쟁이다.
자기 자신을 죽이지 않으면 참아낼 수 없다.

나를 죽여야
참아낼 수 있다

忍

참을 인

살아가면서 그때 조금만 더 참았더라면 하고 후회하는 경우를 종종 겪는다. 한때의 분함을 참지 못하고 내지른 분풀이 때문에 몇 날 며칠을 부끄럼 속에 지내기도 한다. 그 짧은 한순간만 지나고 나면 아무것도 아닌 일에도 견문발검見蚊拔劍: 모기를 보고 칼을 뺌하듯이 벌컥 화를 내곤 한다. 그만큼 참을성이 없어졌다. 쉽게 화를 내고 걸핏하면 흥분한다. 그야말로 뾰족한 송곳 같은 기세로 살아간다. 아무나 건들면 당장에 폭발하고 만다.

참을성 없는 사회는 오늘도 어처구니없는 살인을 잉태하고 삭막한 인정세태를 부추긴다. 옛 말에 "참을 인忍자 셋이면 살인도 피한다"고 했다. 끓어오르는 분노를 참아야 할 때도 있고, 내뱉고 싶어 근지러운 입을 참아야 할 때도 있고, 먹고 싶어 군침만 고이는 혀를 참아야 할 때도 있다.

【 한자를 읽어보자 】

忍인 ─────── 刀인 + 心심

刀인은 '칼날', '칼날이 있는 무기'다. 刀도는 칼이다. 칼의 날 부분에 점을 찍어 '칼날'을 표시했다. 刀인이 들어 있는 한자는 대부분 '인'으로 읽을 수 있다. 認알 인, 仞길 인, 靭질길 인 등이 그렇다.

忍인은 날카로운 칼에 베인 아픔을 견뎌 내는 것이다. 참는 것은 마음의 작용이니 心심을 붙였다. 참는다는 것은 가슴을 에는 모진 아픔을 견뎌 내는 것이다. 참는 행위는 눈물겨운 투쟁이다. 자기 자신을 죽이지 않으면 참아낼 수 없다.

【 옛 글을 읽어보자 】

包羞忍恥是男兒. —『題烏江亭』唐 杜牧
포수인치　　시남아

─────────────

부끄러움을 끌어안고 치욕을 참아내는 자, 이런 사람이 사내대장부다.　　　　—『제오강정』당 두목

包포는 '감싸다'다. 羞수는 '부끄러움'이다. 包羞포수는 '부끄러움을 끌어안다'다. 忍인은 '참다'다. 恥치는 '부끄러움'이다. 忍恥인치는 '부끄러움을 참다'다. 是시는 '이것'이다.

男兒남아는 '사내 아이', '대장부'다.

224

忍一時之忿, 免百日之憂.
인일시지분   면백일지우

—『明心寶鑑·戒性篇』

한 때의 분함을 참으면, 백 일의 근심을 면할 수 있
다.   —『명심보감·계성편』

忍인은 '참다'다. 一時일시는 '한 때'다. 忿분은 '성냄, 분
함'이다. 免면은 '면하다'다. 百日백일은 말 그대로 '백
일'이다. 憂우는 '근심'이다.

 분노도 한순간이고 성냄도 한순간이다. 한순간만
참으면 외려 행운이 찾아오는 경우가 많다. 근질대는
입을 잠깐 참으면 말실수나 말시비를 피할 수 있고 구
설수도 멀리할 수 있다. 안달이 난 몸과 마음을 잠깐만
억누르면 충동적인 짓이나 후회막급은 없을 것이다.
그야말로 잠깐 동안 성냄도 벗어 놓고 미움도 벗어 놓
으면 마음에 평안을 누릴 수 있을 터이다. 무언가 하고
싶어 좀이 쑤시거나 불길처럼 분노가 치솟을 때면 냉

정하고 차분하게 앞뒤 상황을 따져 볼 필요가 있다. 이렇게 시간을 두고 자문자답을 하다 보면 마음은 가라앉고 하고 싶던 것도 시나브로 사그라진다.

만무방이나 막된 사람으로 말미암아 감정을 상하고 화를 참지 못할 때가 있다. 이럴 때면 그런 사람을 무시하는 듯한 태도나 마음을 가지는 것도 참아 내는 데 보탬이 된다. 그런 사람들보다 자신의 품격이나 됨됨이를 한 단계 높이 두고 얕잡아 보는 것도 괜찮은 방법이다. 그런 사람들에게 내 인격이 무시당했다고 생각하지 말자! 忍인이란 시퍼런 칼날로 제 마음을 도려내는 아픔을 참아내는 것이다.

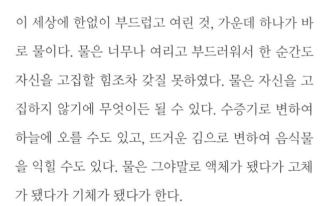

마흔두 번째
저　　녁

끈기가
곧 힘이다

水滴石穿

물 수　물방울 적　돌 석　뚫을 천

이 세상에 한없이 부드럽고 여린 것, 가운데 하나가 바로 물이다. 물은 너무나 여리고 부드러워서 한 순간도 자신을 고집할 힘조차 갖질 못하였다. 물은 자신을 고집하지 않기에 무엇이든 될 수 있다. 수증기로 변하여 하늘에 오를 수도 있고, 뜨거운 김으로 변하여 음식물을 익힐 수도 있다. 물은 그야말로 액체가 됐다가 고체가 됐다가 기체가 됐다가 한다.

　그러나 그렇기 때문에 물은 강하다. 한없이 단단해

보이는바위를 가르고, 한없이 튼튼해 보이는 둑을 무너뜨리는 것이 바로 물이다.

물은 자신을 고집하지 않기에 어떤 변화도 두려워하지 않는다. 물은 여리고 약하지만 끈기 있게 밀고 나아간다. 그러하기에 한없이 부드럽고 여린 물이 한없이 굳고 단단한 바위도 뚫을 수 있는 것이다. 끈질기게 안간힘을 써 가며 달려드는데 뉘라서 배겨 낼 것인가. 결코 단념하는 법이 없이 끈기 있게 물고 늘어지는데 뉘라서 버텨 낼 것인가.

낙숫물이 댓돌을 뚫는다고 했다. 하찮고 시시한 작은 힘일지라도 끈기 있게 꾸준히 계속하다 보면 언젠가는 바라는 것을 이룰 수 있다. 해 보지도 않고 쉽게 단념해서는 안 된다. 해 보지도 않고 지레 포기해 버린다면 아무것도 이룰 수 없다. 물같이 그리 여린 것도 곰비임비 쉬지 않고 꾸준히 방울져 떨어지다 보면 굳고 단단한 바위를 뚫지 않는가. 도저히 해낼 수 없다고 생각되는 일도 하루하루 끈기 있게 조금씩 해나가다 보면 끝끝내는 이룰 수 있다.

사람들은 달걀로 바위를 깨뜨릴 수 없다고들 말하지만 정말 그런가? 방울 물도 댓돌을 뚫는데 달걀이라고 바윗돌을 못 깨뜨리겠는가. 꾸준히 하다 보면 댓돌도 뚫리고, 바윗돌도 깨질 것이다. 꾸준히 할 수 있고 없고가 관건이다. 해 보지도 않고 지레 포기하지 말고 상대가 겁먹고 포기하게끔 끈질기게 덤벼들고 달려들어야 한다. 해 보지도 않고 쉽게 단념하면 하늘도 도와주지 않는다.

【 　한자를 읽어보자　 】

滴적 ——————— 氵수 + 商적

氵수는 '물'이고, 商적은 '밑동, 방울'이다. 商적은 물방울이 떨어질 때 나는 소리를 나타낸 의성어이기도 하다.

滴적은 '물방울, 방울져 떨어지다'다.

穿천 ——————— 穴혈 + 牙아

穴혈은 양쪽 입구를 나무로 받친 동굴이다. 고대인들이 살던 주거 공간이다. '구멍'이다. 牙아는 '어금니'다. 윗니와 아랫니, 그리고 그 사이에 음식물이 있음을 표시했다. 이는 별다른 무기가 없던 사람에게 살아가기 위해 대단히 중요한 도구였다. 그래서 '단단함, 도구'라는 뜻을 갖는다.

穿천은 단단한 것으로 구멍을 뚫는 행위를 나타낸 한자다. '뚫다'다.

【 옛 글을 읽어보자 】

繩鋸木斷, 水滴石穿.
승거목단   수적석천

—『鶴林玉露』羅大經

줄로 톱질하면 나무도 끊어지고, 물을 방울로 떨어뜨리면 돌도 뚫린다.   —『학림옥로』나대경

繩_승은 '줄, 끈', 鋸_거는 '톱, 톱질하다'다. 繩鋸_{승거}는 '줄톱, 줄로 톱질하다'다. 木_목은 '나무', 斷_단은 '끊다'다. 水_수는 '물', 滴_적은 '방울, 방울져 떨어지다'다. 水滴_{수적}은 '물방울, 물을 방울로 떨어뜨리다'다. 石_석은 '돌', 穿_천은 '뚫다'다.

우물가에 가서
숭늉 달라고 하면 곤란하다

欲速則不達

하고자 할 욕　빠를 속　곧 즉　아니 부　통달할 달

신문에서 일기가성一氣呵成이란 말을 접했던 적이 있다.
올해는 그간 벌여 놓은 일들을 몰아붙여 단숨에 해치
우자는 뜻이 담겼다. 시쳇말로 번갯불에 콩 볶아 먹겠
다는 말이다. 윗사람이 이리도 급하게 서두르니 아랫
사람은 죽어날 게 뻔하다.

　모든 일에는 순서가 있고 때가 있다. 꽃 필 때 따로
있고 열매 맺을 때 따로 있다. 마루에 올라선 다음에 안
방으로 들어서야 한다. 아무리 급하다고 우물에 가서

숭늉 달랄 수는 없고, 바늘허리에 실 매어 쓸 수는 없다. 제아무리 급한 일이라도 순서는 밟아야 한다.

오늘날은 누가 뭐래도 스피드 시대다. 그래서 그런지는 모르겠으나 여하튼 뭐든지 빨리빨리다. 그냥 후 닥닥 해치워 버려야 속이 시원하다. 일사천리로 밀어붙여야 직성이 풀린다.

어느 세월에 감이 익기를 기다리며, 어느 세월에 감이 절로 떨어지기를 기다리겠는가. 다들 알다시피 급히 먹는 밥이 목에 메고, 끓는 국에 맛 모른다. 일의 순서를 따져 보지도 않고 무턱대고 너무 급하게 서두르다 보면 오히려 실패하기 쉽다(욕속즉부달欲速則不達). 서둘러야 할 일인지, 서둘러서 될 일인지를 헤아려 보고 나서 서두르더라도 서둘러야 한다. 듣지 않았는가! 옛적 아무개 농부님이 곡식을 빨리 자라게 하기 위해 모를 뽑아 올렸다는 얘기를 말이다.

欲 욕 —————— 谷 곡 + 欠 흠

谷곡은 '골짜기'를 뜻한다. 여기에서는 발음 기호 역할
을 하기도 한다. 欠흠은 사람이 뭔가 바라는 게 있어서
입을 한껏 벌린 모습이다. 欣기뻐할 흔에서는 기쁨이나
슬픔 등 감정을 발산하려고, 飮마실 음에서는 음료를 마
시려고, 歌노래 가에서는 노래를 하려고 입을 벌린다.

　欲욕은 '욕망의 골짜기'를 표현한 듯하다. '하고자 하
다, 싶어 하다'다.

速 속 —————— 辶 착 + 束 속

辶착은 '쉬엄쉬엄 갈 착'이다. 이 한자가 사용되면 '가
다'와 관련한 뜻을 갖는다. 束속은 나무 다발을 끈으로
묶은 모양이다. '묶다'다. 여기에서는 발음 기호 역할을
한다.

　速속은 '빠르다, 서두르다, 급하다'다.

達달 ─ 본래 彳척 + 止지 + 大대였다.

彳척+止지가 辶착이 되었고, 大대에는 나중에 羊양이 하나 붙어 㚞(㚄)어린양 달이 되었는데 그 이유는 알 수가 없다.

達달은 막힘없이 뻥 뚫린 '큰 길'이다. '막힘이 없음'을 通통이라 하고, '~에 이름'을 達달이라 한다. 達달은 '통달할 달'이다. '이루다, 이룩하다'다.

【　　옛 글을 읽어보자　　】

可以速而速, 可以久而久,
가이속이속　　　가이구이구

可以處而處, 可以仕而仕, 孔子也.
가이처이처　　　가이사이사　　　공자야

…… 孔子聖之時者也.　　─『孟子·萬章』
공자성지시자야

───────────────────

빨리 떠나야 하면 빨리 떠나고, 오래 있어야 하면 오

래 있고, 머물러야 하면 머물고, 벼슬해야 하면 벼슬

한 분은 바로 공자시다. …… 공자는 성인 중에 때에

맞게 한 분이다.　　　　　　　　　　　—『맹자·만장』

可以가이는 '~할 수 있다, ~해야 한다'다. 速속은 '빠르

다'다. 久구는 '오래다'다. 處처는 '머물다'다. 仕사는 '벼

슬하다'다. 聖성은 '성인'이다. 時시는 '때, 상황, 때에 맞

다, 상황에 맞다'다.

　빨리빨리 해야 하고 할 수 있는 일이면 빨리 서둘러

서 해치우는 것이 좋다. 하지만 만만디로 해야 하고 서

둘러서 될 일이 아니면 차근차근 쉬엄쉬엄 해 나가는

것이 좋다. 그 일에 긴 호흡이 필요한가, 아니면 짧은

호흡이 필요한가를 면밀히 따져 본 다음 덤벼야 한다.

잘난 이가 한 번 해서 이룬 것보다
내가 수백 번 해서 이룬 게 더 값지다

人一己百

사람 인   한 일   자기 기   일백 백

여기서 人인은 '사람, 남'이지만 그냥 보통 사람이 아니다. 난사람이다. 능력과 재주가 뛰어난 사람이다. 한 마디로 인재, 인물을 말한다. 사람 위에 사람 없고 사람 밑에 사람 없다는 그런 사람이 아니다. 천부적인 재질로 무엇이든 척척 해치우는 사람이다. 이를테면 역사 속 인물 가운데 항우 같은 이다. 워낙에 빼어난 재능 탓에, 글공부도 한무릎공부 하다 때려치우고, 검술 배우기도 좀 하는가 싶더니만 그것도 오래 못 가서 집어치운다. 그래도 역발산기개세力拔山氣蓋世: 힘은 산을 뽑을 만하고 기상은 세상을 뒤엎을 만함하는 타고난 재능 탓에 싸우는 족족 이기고 치는 족족 빼앗았다.

己기는 나, 자기다. 人인이 천재라면 己기는 범재다. 딱히 내세울 것 없는 평범한 사람이다. 예컨대 역사 속 인물 가운데 천재 항우에게 겁 없이 대들었던 유방이다. 항우와 달리 유방은 평범하다 못해 못난이였다. 싸우는 족족 깨지고 치는 족족 되레 당했다. 그러나 그는 결코 포기하거나 단념하지 않았다. 한두 번 싸움에 졌다고 해서 결코 주눅이 들거나 기죽지 않았다. 깨지고 쫓기더라고 끝까지 대들었다. 상대방이 질려서 나가떨어질 때까지 물고 늘어졌다.

열 번 찍어 아니 넘어가는 나무 없다고 했다. 열 번이고 스무 번이고 자꾸자꾸 하다 보면 해낼 수 있고, 백 배, 천 배 노력하고 땀 흘리다 보면 따라잡을 수 있다. 난사람이 단박에 척척 해낸다고 해서 기죽거나 할 필요는 없다. 아무리 힘없고 모든 게 모자라 보이는 사람일지라도 쉬지 않고 하다 보면 불가능하다고 여겨지던 일도 해치울 수 있고, 도저히 이룰 수 없을 것 같은 일도 해낼 수 있다. 아무리 어리석고 둔한 사람일지라도 반복하고 또 반복한다면 못 익힐 게 없고 못 깨칠 게 없다.

【　　한자를 읽어보자　　】

人 인 ──────────── '사람, 남'

처음에는 사람이 옆으로 서 있는 모습을 본떠 亻으로 썼는데, 나중에 단독으로 쓸 때는 人, 다른 글자와 결합할 때는 亻으로 썼다.

己 기 ──── 매듭을 지은 새끼줄이었다.

줄을 꼰 매듭으로 의사를 전달하는 결승문자로 '기록하다'는 뜻을 나타냈다. 이 글자가 '몸, 자기'라는 뜻으

로 더 많이 쓰이게 되자 본래 뜻을 위해서는 糸_{실 사}를
덧붙여 紀_{기록할 기}를 만들었다.

【　옛 글을 읽어보자　】

人一能之, 己百之.
인일능지　　기백지

人十能之, 己千之. 果能此道矣,
인십능지　　기천지　　과능차도의

雖愚必明, 雖柔必强.　　—『中庸』
수우필명　　수유필강

남이 한 번 해서 잘한다면, 나는 백 번 한다. 남이 열
번 해서 잘한다면, 나는 천 번 한다. 과연 이 방법을
잘 할 수 있다면, 어리석은 사람일지라도 반드시 현
명해질 것이고, 유약한 사람일지라도 반드시 강해
질 것이다.　　　　　　　　　　　　　　　—『중용』

人인은 '남'이다. '한 번에 잘 할 수 있는 뛰어난 사람'이나.

能능은 '능하다, 잘하다'다. 之지는 지시대명사다. '잘하는 그것'이다. 己기는 '자기, 나'다.

百백은 '백 번 하다'다. 千천은 '천 번 하다'다. 果과는 '과연'이다. 此차는 '이'다. 道도는 '도, 길, 방법'이다. 雖수는 '비록', 愚우는 '어리석다', 必필은 '반드시', 明명은 '밝다, 현명하다'다. 柔유는 '부드럽다, 유약하다', 強강은 '굳세다, 강하다'다.

한 번 해서 안 된다고 이내 포기하거나 단념해서는 아무것도 이룰 수 없고 해낼 수 없다. 한 번 해서 안 되면 힘을 길렀다가 한 번 더 덤벼들고, 두 번 해서 안 되면 실력을 키웠다가 다시 한 번 더 달려들어야 한다. 그러다 보면 몸은 강철같이 단단해질 것이고 마음은 무쇠보다 더 굳세어질 것이다. 하루아침에 실력이 붙는 일은 어디에도 없다. 자고로 실력을 연마하는 데는 노력과 시간, 그리고 그 힘든 시간을 견뎌내는 인내심이 필요하다.

개구리도
움쳐야 뛴다

待時而動

기다릴 대　때 시　말 이을 이　움직일 동

오늘날은 가히 스피드 시대라 할 만하다. 하루가 멀다
고 새롭고 신기하고 요상한 것들이 마구마구 쏟아져
나온다. 어린 사람이야 만날 만날 새롭고 신기한 물건
들이 쏟아지니 기분 좋겠지만 그런 것에 덜 익숙한 중
씰한 사람들은 그야말로 죽어난다. 듣기에 아무 나라
에는 진짜로 번갯불에 콩 볶아 먹는 재주를 가진 사람
이 있다고 한다.

스피드 시대를 강조하다 보니 글이 잠깐 옆길로 샜다. 세상이 아무리 빠르게 돌아간다고 해도 그런 현상에 그냥 휩쓸리지만 않는다면 그럭저럭 나름의 여유를 즐기며 살 수 있다. 마냥 좋다며 숨이 찰 정도로 빠르게 변해 가는 세태에 덩달아 묻어간다면 여유고 뭐고 시간에 늘 시달리며 허덕일 것이다. 그러다 보면 자기도 모르게 길들여지고 물들어서 매사를 빠르게만 처리하려 하고, 찰나도 기다리지 못할 터이다. 더 나아가서는 말 그대로 조급증에 걸려 모든 일을 과정은 생략하고 당장에 후딱후딱 결과만을 맛보려고 덤벼들 것이다.

밥을 지을 때도 뜸을 들인다. 뜸을 덜 들이면 밥이 설익어 먹기에 좋지 않다. 그렇다고 또 뜸을 너무 들여도 안 된다. 밥인지 떡인지 모를 떡밥이 될 터이니 말이다. 알맞은 때를 기다렸다가 아궁이에서 불을 빼야 한다.

대시이동待時而動, 말 그대로 때를 기다려 움직이라 했더니 아무개는 아무것도 안 하고 주야장천 감나무 밑에 누워있기만 하더라. 평소에 시간이 허락할 때마다 실력을 갈닦아 제 몸에 지니고 있어야 기회가 왔을 때 십이분 실력 발휘하여 이루고자 하는 바를 이루고 얻고자 하는 바를 얻을 수 있다. 내게 좋은 때가 찾아오지 않는다고 투덜대고, 실력을 보여줄 기회조차 주지 않는다고 불평 불만할 시간 있으면 땀 한 방울 더 흘리고 젖 먹던 힘 한 번 더 쓰는 게 훨씬 낫다.

【　　한자를 읽어보자　　】

待_대 ———— 彳_척 + 寺_시

彳척은 사거리 모양인 行행의 반쪽이다. '길' 또는 '가다'와 관련 있다. 寺시는 土(之)지+寸(又)우다. 之지는 '발, 가다'고 又우는 '손, 일하다'다. 寺시는 어디로 가서 일을 하는 것이다. '일처리를 하는 사람, 관청, 절'이란 뜻으로 발전했다.

　待대는 가서 일하기 위해 길에서 기다리는 모습이다. '모시다, 기다리다'다.

時_시 ──────── 日_일 + 寺_시

日_일은 '해, 날'이다. 시간과 관련 있다.

時_시는 '때, 기회'다.

動_동 ──────── 重_중 + 力_력

重_중은 무거운 짐을 지고 있는 노예다. '무겁다'다. 力_력은 '힘'이다.

動_동은 노예가 무거운 짐을 힘을 써서 움직이는 것이다. '움직이다, 행동하다'로 새긴다.

【　옛 글을 읽어보자　】

君子藏器於身, 待時而動,
군자　장기어신　　대시이동

何不利之有?　　　　　　　—『周易』
하불리지유

군자는 그릇을 몸에 감추어 두고 때를 기다려 움직

이니 무슨 이롭지 않음이 있겠는가?　　　―『주역』

藏장은 '감추다, 보관하다', 器기는 '그릇, 능력, 도량'이
다. '그 사람은 그릇이 크다' 할 때 그 '그릇'이다. 待대
는 '기다리다', 時시는 '때', 動동은 '움직이다'다. 而이는
앞 말과 뒷말을 이어주는 역할을 하는 접속사다. '그리
고, 그래서, ~고서, ~고 나서'로 새긴다.

　何하는 '무슨, 어떤'이다. 利리는 '이로움'이다. 不利불
리는 '이롭지 않음, 불리함'이다.

　살다 보면 내게 알맞은 때는 꼭 한두 번쯤은 어김없
이 찾아오고 아지랑이 너머에서 손짓할 것이다. 그것
을 눈치 채느냐 못 채느냐, 잡느냐 못 잡느냐는 순전히
개개의 몫이다. 때가 찾아오지 않고 기회가 주어지지
않는다고 탓하지 말자! 어떤 이는 궁팔십窮八十을 헛헛
한 마음으로 배기며 기다렸다. 반면에 어떤 이는 제 스

스로 몸 달고 애가 달아 알묘撮苗****하며 자연이 줄 기회를 서둘러 망그러뜨렸다.

개구리가 옴치는 것은 멀리 뛰자는 뜻이다. 뼈 깎는 준비 없이는 참 성공 없고, 설령 바라는 바를 이루었더라도 안 갖춘 실력에 의한 성공은 한낱 물거품이다.

**** 알묘: 곡식의 싹을 뽑아 올린다는 뜻으로, 성공을 서두르다가 도리어 해를 봄을 비유적으로 이르는 말

기회란 그만두지 않는 자에게 오는 선물이다

拋棄

던질 포   버릴 기

우리는 수없이 작심한다. 그리고 작심삼일로 끝내는 경우가 다반사다. 까짓것 작심삼일로 흐지부지 끝내 버려도 대수롭지 않은 작심이라면 얼른 집어치우는 게 낫다. 괜히 헛심 들일 필요 뭐 있겠는가!

새해가 되면 사람들은 으레 나름의 작심을 한다. 올 해는 기필코 금연하겠다, 술을 끊겠다, 자격증을 따겠 다, 몸 관리를 하겠다, 심지어, 결혼을 하겠다는 등등 갖은 작심들을 한다.

그러나 아무런 준비도 없이, 굳은 마음가짐도 없이 그냥 하는 작심은 말 그대로 사흘을 못 간다. 뭔가를 작심하기 전에 하려고 하는 일이 정말로 내게 반드시, 필요한가, 하지 않으면, 안 되는 절박한 사정이 내게 있는가, 그리고 마지막으로 작심한 일을 이룰 만한 힘이 내게 정말 있는가를 냉철하게 따져 봐야 한다. 겉묻어서 하는 작심, 헛노릇할 게 뻔한 작심, 남에게 보여주기 위한 작심 등은 애당초 하지를 말아야 한다.

【　한자를 읽어보자　】

抛포 ── 扌(手)수 + 力력 + 九구

扌(手)수는 일하는 '손', 力력은 일하는 '힘', 九구는 마지막 숫자다.

抛포는 손쓰고 힘써서 일을 하다가 갈 때까지 간 것이다. 더 이상 힘이 닿지 않는다. 이제 그만두어야 할 때가 왔다. '버리다, 던지다'다.

棄 기 —— 亠(子)자 + 卅(其)기 + 木 목

亠는 子자를 거꾸로 뒤집은 글자다. '누운 아기, 죽은 아기'다. 卅(其)기는 '삼태기'다. 짚이나 가는 나뭇가지로 만드는 쓰레받기 모양의 기구다. 버리는 물건을 담아서 나르는 데 쓴다. 木목은 '나무'다.

棄기는 죽은 아기를 짚이나 나뭇가지로 만든 삼태기에 담아 내다 버리는 것을 표현했다. 木목이 삼태기를 들고 있는 두 손의 변형이라는 설명도 있다. '버리다, 내던지다'다.

【 옛 글을 읽어보자 】

功在不舍, 鍥而舍之, 朽木不折,
　공재불사　　　계이사지　　　후목부절

鍥而不舍, 金石可鏤.　　—『荀子·勸學』
　계이불사　　　금석가루

250

공은 그만두지 않음에 있다. 새기다 그만두면 썩은
나무라도 자를 수 없고, 새기기를 그만두지 않으면
쇠나 돌에라도 새길 수 있다.　　　　―『순자·권학』

功공은 '공, 공로'다. 在재는 '있다', 舍사는 '버리다, 그만
두다'다. 鍥계는 '새기다, 자르다'다. 朽후는 '썩다', 折절
은 '꺾다, 자르다'다. 金금은 '쇠', 石석은 '돌'이다. 鏤루
는 '새기다'다.

　일단 작심했으면 쉽사리 주저앉거나 때려치우지는
말아야 한다. 아쉬움 하나 갖지 않도록, 미련 하나 두지
않을 정도로 결코, 후회하지 않을 만큼 젖 먹던 힘과 죽
을힘까지 죄다 쏟아 부어야 한다. 죽을 둥 살 둥 끝까지
해보는 거다. 그만두지 않으면 이루어진다고 했다. 그
만두지 않는 힘. 이것이야말로 작심한 것을 성공으로
이끄는 가장 중요한 힘이다.
　그리고 끝까지 해 보았는데도 안 되면 그때야 그만
두는 거다. 그만둘 때 그만두는 것도 크나큰 용기다. 다

251

만 그 지점이 정말 끝이었는가는 아무도 알 수 없다.

좔 때와 풀 때를 잘 아는 자가
처세에도 능하다

一張一弛

하나 일   베풀 장   하나 일   늦출 이

張장은 '얹은 활'이고, 弛이는 '부린 활'이다. 얹은 활은
활시위를 활 몸체에 걸어 놓은 활이다. 활 몸체의 탄성
을 유지하기 위해 평시에는 시위를 부려 놓는다. 만일
시도 때도 없이 활에 시위를 걸어 놓는다면 얼마 못 가
서 활 몸체는 탄력을 잃을 것이고, 활시위는 오뉴월 쇠
불알마냥 축 늘어질 것이다.

사람살이도 그렇다. 모름지기 죄어칠 때는 쾌치고
느슨하게 할 때는 늦추어야 한다. 죄어치고 몰아친다

고 일이 빨리 끝나는 것도 아니다. 그렇다고 많은 일을 빠른 시간 안에 후딱 해치우는 것도 아니다. 자칫하면 다그치는 통에 일은 엉망이 되고 몸은 몸대로 고달파질 뿐이다. 반대로 너무 느스러져서도 안 된다. 일 중간에 알맞게 휴식하고 다시 일을 하면 기분도 좋고 일할 맛도 나지만 지나치게 쉬어 버리면 외려 일에서 오는 긴장감이 싹 가시어 영 일 할 맛도 안 나고 신도 안 난다.

옛사람이 평시에는 활시위를 벗겨 놓고 전시나 쓸 일이 있을 때만 활 몸체에 시위를 얹은 뜻을 오늘에 곱씹어 볼 만하다. 팽팽하게 당겨야 할 때와 느슨하게 풀어야 할 때를 알맞추 하는 슬기를 오늘에 되살려도 좋을 듯하다. 풀 때와 죌 때를 알맞추 하고, 너그럽게 할 때와 호되게 할 때를 알맞추 할 줄 안다면 나름 처세를 잘하는 거다. 한없이 너그럽기만 해서도 안 되고, 마냥 빡빡하게 굴어서도 안 된다.

張장 ——————— 弓궁 + 長장

弓궁은 '활'이고, 長장은 '길다'다. 長장은 발음 기호 역할
도 한다.

　張장은 '활에 시위를 걸어 화살을 대어 쏘는 것'이다.
나중에 화살에 한하지 않고, '당기다 → 펴다 → 부풀
다'로 뜻이 확장되었다.

弛이 ——————— 弓궁 + 也야

弓궁은 '활'이고 也야는 '어조사'다. 也야는 글자 모양이
구불구불하다.

　弛이는 '활에서 시위를 푸는 것'이다. 풀어진 시위는
구불구불하게 늘어진다. '늘어지다, 풀리다'로 뜻이 확
장되었다.

政寬則民慢, 慢則糾之以猛.
　　　정관즉민만　　　만즉규지이맹

猛則民殘, 殘則施之以寬.
　　　맹즉민잔　　　잔즉시지이관

寬以濟猛, 猛以濟寬, 政事以和.
　　관이제맹　　　맹이제관　　　정사이화

—『左傳·昭公二十年』

정치가 관대하면 백성이 태만해지고, 태만해지면
사나움으로 이를 바로잡아야 한다. 사나워지면 백
성들이 잔악해지니, 잔악해지면 관대함으로 이들에
게 베풀어야 한다. 관대함으로 사나움을 구제하고,
사나움으로 관대함을 구제해야 하니, 정사는 이렇
게 조화롭게 하는 것이다. 　　　—『좌전·소공20년』

政정은 '정치, 정사', 寬관은 '너그럽다. 관대하다'다. 民
민은 '백성', 慢만은 '게으르다, 태만하다'다. 糾규는 '모으다, 바로잡다'다. 之지는 지시대명사 '그것'이다. 以이는 뒷 글자를 받아 '~로써'로 풀이한다. 猛맹은 '사납다'다. 殘잔은 '해치다, 잔악하다'다. 施시는 '베풀다'다. 濟제는 '구제하다'다. 和화는 '조화로움'이다.

활 몸체에 활시위를 걸어서 팽팽히 당겨 쏘고 나면 활시위를 벗기어 활 몸체를 느슨히 해 주는 것처럼 한 번 바짝 죄어쳤으면 그 다음은 부드럽게 풀어주고 느슨하게 해 주어야 한다. 그래야 몸이 쉬이 지치지 않을 터이고 마음이 쉬이 시들지 않을 터이다. 천 리 길을 잘 달려와서 문턱 넘다 죽지 않으려면 마땅히 쉬엄쉬엄 하여야 할 것이다. 소낙비는 반나절을 못 넘기고, 된바람은 아침결을 못 버티고 제풀에 잦아든다.

마흔여덟 번째
저   녁

이른 아침 텅 빈 내 호주머니에
작은 오뚝이 인형 하나를
넣어본다

不倒翁

아니 부   넘어질 도   늙은이 옹

불휘 기픈 남ᄀᆞᆫ ᄇᆞᄅᆞ매 아니 뮐ᄊᆡ,

곶 됴코 여름 하ᄂᆞ니.

ᄉᆡ미 기픈 므른 ᄀᆞ므래 아니 그츨ᄊᆡ,

내히 이러 바ᄅᆞ래 가ᄂᆞ니.

뿌리가 깊은 나무는 제아무리 센 바람에도 끄떡없고,
샘이 깊은 물은 모진 가물에도 마르지 않는다는 말이
다.

부도옹不倒翁은 오뚝이다. 오뚝이는 아무리 쓰러뜨려

258

도 오뚝오뚝 서는 장난감이다. 윗부분이 가볍고 아랫부분이 무겁기 때문이다. 바꿔 말하면 무게중심이 아래에 있기 때문이다.

무게중심이 아래에 있다 함은 기초가 튼실하다는 말이다. 기초를 공들여 착실히 다진 사람은 한순간 뒤처져 보일지라도 끝내는 더 높이 더 멀리 뻗어나갈 것이다. 뿌리를 땅속 깊숙이 착실하게 내린 나무는 자라는 중에 결코 비바람에 쉬이 꺾이지 않을뿐더러 푸르름을 길이길이 만끽할 것이다.

【　　한자를 읽어보자　　】

倒도 ——————— 亻인 + 到도

亻인은 '사람'이다. 到도는 至지+刂(刀)도다. 至지는 화살이 날아와 땅에 거꾸로 박힌 모양이다. '이르다', '다다르다'가 본뜻이다. 나중에 '끝', '지극'의 의미로 더 많이 사용하자, 刂도를 덧붙여 본뜻을 살렸다.

倒도는 '넘어지다'다. 至지가 '거꾸로 박힌 화살'이므로 '넘어진 사람'을 나타내는데 到도를 사용한 연유를 알 수 있다.

翁옹 ——————— 公공 + 羽우

公공은 뜻이 많다. '공변되다'로 시작하여 '장자, 어른'에 까지 이른다. 羽우는 '깃털'이다. 새 털을 羽우라 하고 짐승 털은 毛모라고 한다.

翁옹은 '노인'을 높여 부르는 말이다. 수염이 많이 나 있는 어른을 생각해보면 좋겠다.

【 옛 글을 읽어보자 】

基廣則難傾, 根深則難拔. —『晉書』
기광즉난경   근심즉난발

기초가 넓으면 기울어지기 어렵고, 뿌리가 깊으면

뽑히기 어렵다.　　　　　　　　　　　　　—『진서』

基기는 '터, 기초'다. 廣광은 '넓다'다. 則즉은 '~면 곧~'
이다.

難난은 '어렵다'다. 傾경은 '기울다'다. 根근은 '뿌리'
다. 深심은 '깊다'다. 拔발은 '뽑다, 뽑히다'다.

　사람살이가 다 그렇듯이 살다보면 넘어지기도 하고
자빠지기도 하고 엎어지기도 하고 주저앉기도 한다.
절망할 때도 있고 포기할 때도 있다. 이처럼 칠전팔도
七顚八倒: 일곱 번 넘어지고 여덟 번 엎어짐할 때마다 불굴의 의
지로 일어서려면 무엇보다 기초 체력이 튼실해야 한
다. 기초를 튼튼하게 하고 밑바탕을 탄탄하게 해야 한
다. 겉치레만 힘쓰고 내실을 다지지 않는다면 결정적
일 때 낭패를 볼 것이다. 겉치장만 신경 쓰고 속치장을
등한시한다면 금방 밑천이 바닥나며 제 실력이 뽀록날
것이다.

　자빠지고 쓰러져도 그때마다 꿋꿋하게 일어서려면
오뚝이처럼 기초를 짱짱하게 해야 한다. 상체만 발날

하고 하체는 빈약한 사람은 비실댈 것이며, 겉만 그럴 싸하고 안은 속빈강정 같은 사람은 조마조마한 마음으로 하루하루 낑낑댈 것이다.

뿌리를 먼저 땅속 깊숙이 내리는 데 애쓰지 않고 서둘러 크게만 자란 나무는 웬만한 비바람에도 힘 한 번 못 쓰고 발랑 넘어진다. 터를 다지는 데는 게을리 하고 열고나게 높이높이 쌓아 올리기만 한 건축물은 이내 한쪽으로 기울게 될 것이다.

조급하게 서두르지 말고 착실히 차근차근 기초를 다져 나가자. 한순간 남보다 뒤처져 보일지라도 결코 뒤진 것이 아니다. 온갖 시련과 가지가지 상황을 유연하게 대처해 나가자면 기초체력과 기초지식이 튼튼해야 한다. 모래 위에 쌓은 체력과 지식은 오래오래 빛을 내지 못 한다.

인생의 깨달음이 담긴

저녁 한자

초판 1쇄 펴낸날 2023년 6월 20일

지은이 안재윤 · 김고은 지음
펴낸이 이종근
펴낸곳 도서출판 하늘아래

주소 경기도 고양시 일산동구 하늘마을로 57- 9 3층 302호
전화 (031) 976-3531
팩스 (031) 976-3530
이메일 haneulbook@naver.com
등록번호 제300-2006-23호

ISBN 979-11-5997-082-5 (03190)